# 保育者論

## 共感・対話・相互理解

関口はつ江　田中三保子　西　隆太朗

萌文書林
HOUBUNSHORIN

# はじめに

　子どもたちは、これからの新しい時代を切り拓いていく存在です。保育者はそんな子どもたちと、そして子どもを育てている家庭とともに、現代のさまざまな課題と向き合っています。したがって保育者には、保育の新しい潮流を常に学んでいくことが求められます。

　それと同時に、ただ時代に流されるのではなく、自分自身はそうした課題をどう受けとめ、どんな保育を実現していくのか──保育者は自分自身のあり方を、いつも考えさせられるでしょう。それはいつの時代も変わらない、保育の根本的課題です。

　保育者はこの両方の課題に、実践の中で、子どもたちとの出会いの中で取り組んでいきます。子どもたち、家庭や地域、保育者集団との対話を通して、保育者のあり方は常に新たにされていきます。対話とは、自分自身を振り返る省察と、相手の世界を受けとめる共感があって成り立つものです。「省察」や「共感」を言葉でいうのは簡単でも、子どもと関わる保育の中でそれを具体化するのは、容易なことではありません。本書では理論や知識だけでなく、保育者の実践と内的体験を具体的に描き出す実例を挙げています。そこにはどこまでも奥深い世界があり、豊かな体験があることを伝えたいと思います。

　保育者は育てる営みに携わりながら、自分自身もまた育ち、育てられています。対話とは一方的ではなく、相互的な理解を生み出すものです。本書との対話を通して、自分らしい保育者のあり方を深め、子どもたちとの出会いの中で考えていく喜びを、皆さんと分かち合えることを願っています。

関口はつ江

田中三保子

西　隆太朗

もくじ

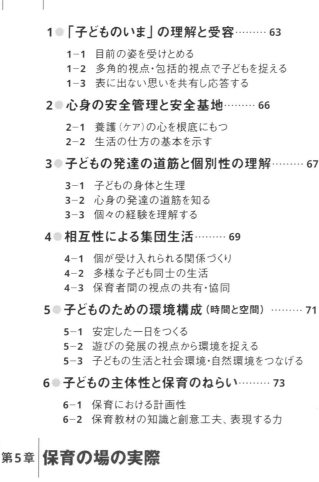

**第Ⅱ部　保育者は子どもにどう向き合うか**──保育者の意識と保育行動

**第6章　保育者は考えながら実践し、実践しながら考える 98**

**第7章　保育者は振り返る　　　　　　110**

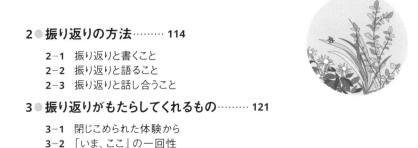

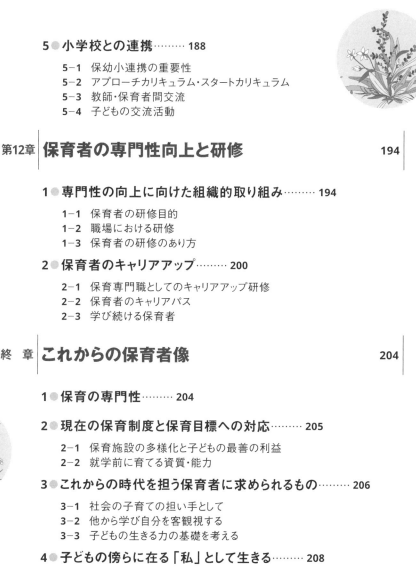
＊事例に登場する子どもたちの名前は、
すべて仮名にしてあります。

# 序章

# 乳幼児の育ちの場と
# 保育の担い手

## 1●子どもの専門家としての保育者

### 1−1　社会が育てる子ども──子どもを育てる責任

　子どもを産み育てることは人の基本的な営みです。近代までは、乳幼児は家庭や地域社会の中で、親や近親者と生活をともにしながら保護・教育されて大人になる準備をしてきました。

　近代以降、幼児期の教育の重要性が指摘され、今日に至るまでさまざまな思想・方法が展開されてきています。また、社会の変化に伴って産業構造、親の働き方、家族の形態などが変わり、子育ての担い手は地域社会、地方自治体、そして国家へと広がりました。子どもを育てることを親の私的責任とせず、それを全うすることを社会全体で支援する体制が整えられてきたのです。このような側面から乳幼児期の保育を担う専門家の養成が必要となり、現在に至っています。

　保育制度は各国で異なりますが、わが国では、伝統的な子育て観、福祉・教育の制度、保護者の多様なニーズなどによって現在の保育の場がつくられています。[1]現状ではほとんどの子どもが就学前施設に通っており、[2]国が定めた資格・免許を有する保育士、幼稚園教諭、保育教諭などが専門家として保育を担っています。保育の専門家とはどのような人で、どのような専門性

を身につけることが求められるのでしょうか。

　家族であれば、家族が期待する子どもの将来に向けて子どもを育て、生涯にわたって絆をつなぎ、その人生に関わることができます。子どもと親の関係性が難しくなったとしても、後から時間をかけて再構築できる場合もあるでしょう。一方、保育者は多様な環境にある家庭の、多様な資質をもつ子どもの保育に携わります。どの子どもに対しても、子どもとしての生活を守り、その子らしく自ら伸びていく力を育てる役割を担っています。著しい発達を遂げる乳幼児期の数年間に限って生活をともにする保育者には、「後から」がありません。「保育者が、自らを関与させて、子どもの可能性を実現させる過程をつくりあげるところに、保育がある[3]」といわれるように、「将来のある子どものいま」にとって最善の関わりをすることが求められます。子どものありようを理解し深く関わることを通して、子ども自身に内在する自ら育つ力を支えていくのです。家庭環境や親の価値観に基づき私的行為として行われる家庭保育と連携を保ちつつ、子どもが人としてもっている権利を守り[4]、望ましい人間像に向かって、子どもの現在の充実から心身の発達を促します。

　どの子どもに対しても、より適切に、偏らずに保育するために、保育者は個人の限られた経験や発達観を超えて、深い人間理解と教養、発達に関する基礎知識などに裏付けられた専門性をもつ「自ら」である必要があります。

## 1−2　保育者と子どもの関係——対等な他者としての子ども

　津守眞（1926−2018）は保育者について次のように述べています。

　　　子どもと一緒にいると、一日を快く十分に生きるところから明日が生れることがわかる。そして、子どもが一日を幸せに生きられるかどうかは、大人のかかわり方にかかっている。
　　　保育者は、子どもが自分自身を形成する者となるように、子どもと日々生活しながら思索をつづける。哲学者が自らを孤独の中において思索するのに対して、保育学者は相手とかかわる生活自体を意味あるもの

と考える。（中略）保育者は日々変化する状況の中で、<u>他者である子どもとかかわり、そのときを相手が十分に生きられるように行為する</u>。[5]
（下線筆者）

　子どもは心身ともに未発達の状態ですから、保育者の役割として、生命の保持、健康管理、生活習慣の獲得などの養護的な関わりは欠かせません。ただし、単に養護する対象として関わるのではなく「それぞれ、自らの人生を生きる者として対等」[6]な他者として子どもの人格を認め、子どもとともに生活する場をつくりながら、主体対主体の関係の中で子どもが自らを形成することを支えます。このような過程で、共生社会に生きる人としてのあり方、すなわち、互いを尊重しながらともに暮らすという人間性の基礎を培っているのです。

　また、子どもは、生活の中心である遊びの中で保育者や友だちと気持ちを通じ合わせて互いの世界を共有しています。ともにあること、ともにそのときを楽しむこと、ともにその世界をつくり上げることの中で心から他者を受け入れ、自分と同じように他者を大切に思う体験を通して、社会性の基盤を形成していきます。

## 1−3　保育者のまなざし──子どもの体験の理解

　「幼児期の教育は、生涯にわたる人格形成の基礎を培う重要なもの」とされています（幼稚園教育要領−第1章総則−第1幼稚園教育の基本）。そこで、保育者としての、人格形成の基礎となる幼児期の体験、経験や活動、発達の姿の理解が専門性の要点になります。

　子どもの発達を捉える視点は2つあります。ひとつは外から捉えられる、できなかったことができるようになったというような客観的に測れる行動の量や機能の変化です。もうひとつは、子ども自身にとっての「発達の体験」です。前者は、大人社会の視点から、子どもの将来に向けての有用性が認められる発達の姿です。後者は、十分に没頭して遊び込んだ子どもの、体験の前後の気持ちの変化、自分についての認識の変化です。表には現れない、子

ども自身が感じている成長の体験です。一般的にはその価値が認められにくいのですが、このような体験こそが子どもの精神力の土台になっていると考えられます。そのため、子ども自身にとって意味ある体験を理解し保障していくことが保育の要といえます。

　和田修二は、「子供はまだ小さく頼りないけれども、既にそれなりに物事の意味を把握して自ら何かになろうとすることのできる人格的存在であるから、われわれが子供を知るためには、ただ外から観察し測定できるような子供の変化だけでなく、子供自身がその変化をどのように受けとめているかによく注意しなければならないのである」[7]と述べ、「新鮮な驚きと歓びを伴う新たな自己と世界の発見」[8]の経験が、子どものたくましい精神発達には欠かせないとしています。同様に矢野智司は以下のように述べています。

　　遊びでは、有用性の世界を破壊することで、物や人との全体的なかかわりを取りもどすことができる。子どもは仕事を学ぶとともに、遊ぶことが不可欠であり、より深く遊びの体験が深められる必要がある。生きている喜びの源泉は、この深い体験にある。そして、この体験を生きることで、子どもは世界にたいする根源的な信頼感や安心感をもつことができる。このとおりだとするならば、発達はこの体験を苗床にしているのだといってもよいだろう[9]。

　また、こうした子どもの体験がわかるのは、子どもを外側から見て解釈するというより、子どもの気持ちへの共振、「間主観的に分かる」[10]といわれる、相手の気持ちに直接ふれることによります。このように、子どもの気持ちとともに心を動かしながら即座に対応をしているのが保育者なのです。

## 1-4　保育者になるということ

　保育の基盤が子どもへの愛情にあることは言うまでもありません。親子の愛情はさまざまな強い絆のもとに生まれます。保育者も子どもへの深い愛情をもって保育にあたります。子どもの心情の特徴や、その後の育ちにとって

乳幼児期がいかに重要かわかればわかるほど、大切な時期を生きている子どもを慈しむ気持ち、大切に思う気持ちが深まります。このような思いが保育者の愛情といえるでしょう。津守は「保育の専門家とは、他者とかかわり他者を育てることを、実践においても思索においても、自らの人生の課題として負うことを選択した者のことである[11]」と述べています。

　また、どの分野でも、専門家とは真理や本質、高い技能などを追究する者で、自己発展と同時に社会への貢献をしています。皆さんが国の定めた養成課程を履修して免許や資格を取得することは専門家としてのスタートであり、保育に必要な基本的な子ども観、生活態度、知識や技術をもっていることの証明となります。その証明によって他人の子どもを保育する権利が保障されるのであり、保育職につくためには必須条件です。さらに、「保育は職業としてあるだけでなく、人間の存在をかけた行為である[12]」との言葉のように、保育者がその専門性を高めていくことには、「職業」を超えて、社会に対して大きな意味があることも考えておきましょう。

# 2●子どもにとっての保育者

　一方、子どもにとっての保育者は「専門家」ではなく、一緒に遊んだりお世話をしてくれたり、困ったときに守ってくれる存在です。保育の出発点は、子どものありのままの生活を大切にし、子どもがその生活を満足して過ごしながら、徐々に自らの力で欲求を満たし興味を充実できるよう支えることにあります。また、子どもが保育者の姿を通して、環境にあるものの意味や自分の行動の仕方を学んでいることは、子どもの保育者へのまなざしやクラスの雰囲気を見ればよくわかります。保育の専門性において、他の分野以上に人間性や生活力が重要とされるのは、子どもの学びは信頼する大人を媒介としているからです。

　生理的・身体的、精神的・社会的に未熟で、自立への途上にある子どもにとってまず必要なのは、切れ目のない一日の生活の中で安全が確保され、衣

食住が満たされて心地よくいられること、安全基地となり行動の指針となる人がいること、さらに、自分の欲求とその周りや先にあることに気づいてもらえることでしょう。周りの人が自分の状態や気持ちに敏感で、それをどのように表しているかをわかっており、応えてくれることが必要なのです。特に、「いまこうしたい」「これが欲しい」という気持ちに加えて、「こうなればもっといい」「こういうことができるかもしれない」という、子ども自身も気づいていないかもしれない先への思いや願い、可能性までも読み取って一緒に前に進んでいけるところに、保育者の専門的な関わりがあります。

# 3●保育者の専門性の特質

　一般に専門性は、専門分野についての知識、技術・技能、実践力で構成されています。いずれも重要ですが、それらのバランスは専門分野によって異なります。保育者の場合は、知識や技能は保育の対象である子どもの状況に合わせて発揮されるので、実践力の比重が高いことが特徴です。また、保育者は子どもと全人的な関わりをもつこと、子どもの行動モデルになることから、社会人としての一般常識、素養、マナー、道徳的規範、正しい生活習慣や対人行動力などが実践の基盤になります。

　専門性の内容を、一般基礎力、専門基礎力、子ども理解力、実践構成力、洞察・判断力、成長力<sup>13)</sup>として考えてみましょう。

## 3−1　専門基礎力

　専門基礎力は、子どもの発達過程や多様な子どもの理解、現在の教育理念や方法の理解、および実践を豊かにするための技能です。保育は子どもとともに生み出す活動ですが、活動のヒントは社会環境や子ども文化から取り入れられ、幼児期の教育はその後の教育につながっています。子どもが好む活動の知識や表現技術、現在の教育の理念や方法の知識は、直接実践に移すものではありませんが、保育行為の資源となり根拠となります。実践は状況へ

の柔軟な対応の連続ですが、その中で矛盾なく方向性を保つ際に知識が支柱の働きをします。保育の専門家としての基礎知識は子どもの実態と結びつけて内面化し、技術は日常生活で試したり応用したりすることで、専門的実践の基盤となります。

## 3−2　子ども理解力／実践構成力／洞察・判断力

　子ども理解力、実践構成力、洞察・判断力は、相互に循環する技術と実践力として捉えることができます。これらは、保育の場の子どもたちと関わり合って、子どもそれぞれの「いま」をともにつくる保育者の専門的役割遂行力です。

　例えば、保育者は毎日の保育室の環境構成に際して、生活がより心地よくなるように季節感を取り入れています。子どもの遊びが発展するように、その遊びへの興味の焦点と子ども同士の関係を考慮し、さらに今後の園の活動の展開も見通しながら、遊具や材料や備品の配置などの環境構成を行います。また、昼食を食べたがらない子どもに対しては、その日のメニューとその子の好み、顔色や体調、昼食前の子ども同士の関係などを総合的に考えながら関わっていきます。子どもたちが空き箱で家作りを始めれば、子どもが思い描くイメージと技量を捉えながら、何を材料として加えるか、どう手伝うか、同時に他の子どもの遊びの状態から自分がどこまで関われるかなども、とっさに考えています。降園前には、いつも歌う歌であってもどのように歌うか、お話は何を選ぶかなど、子どもとともに楽しい時をつくるために保育技術と状況判断を同時に働かせています。理解力、判断力、行動（技術）力は、その場を適切に構成しながら、子どもたちと活動をつくり出していく基本的な力となります。

## 3−3　成長力

　成長力（省察・評価）も専門家としての必須条件です。毎日の子どもとの生活は一回限りですが、振り返りを通して実践を対象化して見直すことになり、そのときに気づかなかった点や他の可能性を見出し、次の保育に生かす

ことができます。また、省察や評価によって他の保育者と実践を共有することが可能になり、互いの保育の改善につながります。主観的な反省にとどめず客観的な視点から実践を評価し、改善を図っていくことは専門家として不可欠です。そのために、保育を可視化する方法、評価する方法などを学ぶことも大切です。

　子どもの専門家としての保育者の特質は、子どもの行動理解や実践において、生活の場における子どもの姿と子どもが自ら体験していることから出発するという点に、そして、子どもを他との関係性（集団や状況）の中で捉えるという点にあります。

# 4●子どもの専門家としての社会的役割

　保育者は園内で子どもの育ちを支えるだけでなく、家庭や地域に対する子育て支援の役割を担っています。また、社会に子どもの存在の重要性を伝え、あらゆる子どもの代弁者として発信していく立場でもあります。

　専門家団体はそれぞれの社会的責任、職業規範をまとめた「倫理綱領」を掲げています。全国保育士会倫理綱領では、冒頭で「私たちは、子どもの育ちを支えます」「私たちは、保護者の子育てを支えます」「私たちは、子どもと子育てにやさしい社会をつくります」と宣言しています。また、子どもの代弁者としての社会的役割に関しては次のように述べています。「私たちは、日々の保育や子育て支援の活動を通して子どものニーズを受けとめ、子どもの立場に立ってそれを代弁します。また、子育てをしているすべての保護者のニーズを受けとめ、それを代弁していくことも重要な役割と考え、行動します」。

　例えば自然災害が起きたとき、各分野の専門家は、その専門的知識と資源を活用して社会のために行動します。東日本大震災（2011年）の際には、多くの被災者家族が保育所や幼稚園を子育ての支えにし、また、全国の保育関

係者が被災地域の子どもたちの支援に動きました。社会のさまざまな場面で、保育者の人を育てる視点、その場の関係性や状況を捉える視点、その視点に基づく行動力が大きな意味をもつのです。保育の場を超えて、保育者の専門性の発揮が期待されます。

# 5 ● 子どもから学ぶということ

　倉橋惣三（1882-1955）は「子どもから学べよ」と繰り返し述べています。保育の対象は、学問的に研究され、理論的・抽象的に見出された「子ども一般」ではなく目前の一人ひとりです。また、保育の場は、あらかじめ決められた目標に向かって同じ行動をするところではありません。大人の視点で期待したいことでも、いまここで、その子どもにとっての意味を斟酌しなければなりません。子どもは自分の思いや状態を表しているはずですが、保育者の価値観や先入観などが偏っていると子どもの思いが捉えられず、保育者の枠組みの中での活動に流れやすくなります。保育の基本は無心になって子どもと向き合い、子どもの表現からその内面を読み取ることにあります。

　また、保育の方法についても同様の視点で捉えます。人を育てる営みは大きくいえば、対象者の状態にかかわらず知識・技術を系統的に教授していく方法と、対象者にとって意味があること、興味のあることに取り組む中で能力を身につけられるよう援助する方法とがあり、保育は主に後者の視点に立っています。個々の子どもにとって意味のあることと、その実現のために必要な支援の内容は、子どもとの関わりの中から読み取っていくのです。

　保育者の養成課程では、先輩保育者の実践事例、研究者の観察事例などを通して学習します。それらを手がかりにして子どもの実際に向き合い、その体感の振り返りによって保育者としての学びを深めていきましょう。

＊　　＊　　＊　　＊

注

1）認定こども園、幼稚園、保育所、小規模保育などに共通の財政支援を行い、また、地域の実情に合わせた多様な支援を可能にするために、子ども・子育て支援新制度が2015（平成27）年度から本格施行されました。

2）内閣府「保育園と幼稚園の年齢別利用者数及び割合（平成30年）」

3）津守 真『保育の一日とその周辺』フレーベル館、1989、p.14
津守は後年「眞」表記を用いるようになったため、本文中では「津守眞」としています。

4）児童の権利に関する条約（子どもの権利条約）は1989年に国連総会で採択され、日本は1994（平成6）年に批准しています。

5）前掲3）、p.10

6）津守 真『保育者の地平―私的体験から普遍に向けて』ミネルヴァ書房、1997、p.281

7）和田修二「日本の家庭教育の課題と展望」河合隼雄編『子どもと生きる』創元社、1985、pp.263-264

8）同上、p.264

9）矢野智司『幼児理解の現象学―メディアが開く子どもの生命世界（幼児教育知の探究13)』萌文書林、2014、p.241

10）鯨岡 峻『子どもは育てられて育つ―関係発達の世代間循環を考える』慶應義塾大学出版会、2011、p.304

11）前掲3）、p.197

12）前掲6）、p.295

13）北野幸子「保育者の専門性と保育実践の質の維持・向上をはかる研修の実態」『子ども学』6、萌文書林、2018、pp.64-82

第Ⅰ部

# 保育者とは

# 第1章

# 保育の専門家として生きる

　保育者は、人を育てる仕事に携わっています。生きた人間を相手にしているわけですから、この仕事は保育者の意図だけで思いのままに運ぶわけではありません。子どもたちと出会って心を動かされ、かえって思いがけないところから考えさせられることも多くあります。そんな体験を通して、保育者自身も人間として成長していく機会を与えられています。「育てる」とは一方的な行為ではなく、ともに歩んでいく相互的な営みです。

　保育は尊い仕事であり、また責任の重い仕事です。本章第3節では、保育に関する制度を取り上げ、こうした社会的責任を果たすための知識について学んでいきます。そのための前提として、まず第1節・第2節では人間としての保育者のあり方を取り上げます。先に述べたように、保育の仕事は保育者の内面的な成長と深く関係しています。したがって保育者論を考える上では、子どもたちと出会う者としての保育者が、どのような内的体験を経て成長していくのかを視野に入れる必要があります。さまざまな社会的要請を踏まえながら、目の前の子どもに出会う体験から始まる「内側からの保育者論」について考えていきましょう。

# 1●保育という人間の営み

　保育とは、人間にとって普遍的な営みです。どんな人も、誰かに育てられて大きくなってきました。また、自分の子どもであれ、近所や知り合いの子どもであれ、後輩や次の世代に何らかの影響を与えるといったことまで含めれば、育つ・育てるということに無縁の人もいないでしょう。

　すべての人間に関係する根源的な営みを職業としているところに、保育という仕事の特色があります。保育のように人間が生きることと深く関わる仕事では、専門性と個人の人間性は地続きのものです。

　日本の保育学を切り拓いた倉橋惣三は、保育を人間の営みとして捉えました。彼の主著である『育ての心』は、現代に至るまで保育者たちに読み継がれている一冊ですが、その序文はこんな言葉で始まっています。

　　　　自ら育つものを育たせようとする心。それが育ての心である。世にこんな楽しい心があろうか。それは明るい世界である。温かい世界である。育つものと育てるものとが、互いの結びつきに於て相楽しんでいる心である。

　　　　育ての心。そこには何の強要もない。無理もない。育つものの偉きな力を信頼し、敬重して、その発達の途に遵うて発達を遂げしめようとする。役目でもなく、義務でもなく、誰の心にも動く真情である。[1]

　子どもと出会って自然と生まれてくる「真情」は、親にも保育者にも共通するものであり、それこそが保育の根本にあるのだと彼は述べています。こうした「育ての心」の大切さと、その深さを伝えるのが、彼の生涯の仕事でもあったといえるでしょう。

　保育者の専門性を考えるとき、その専門性の高さを強調するあまり、それが家庭での保育とは全く別の理論や方法によるものだと主張する向きもある

かもしれません。もちろん保育者には専門的な知識や技術が必要ですが、心ある大人が幼い子どもにふれるとき、保育者の資格・免許さえあればよいというわけではないでしょう。理論や技術を身につけたとしても、子どもたちとの温かな結びつきを欠いてしまっては本末転倒です。保育の技術以前に、人間らしい保育の営みがあってこそ、専門性が意味あるものとなるのです。

　倉橋は、「育ての心」が誰の心にも動くものだと述べています。保育の道は、子どもと真摯に出会おうとする人には等しく開かれているものです。自分自身の人間性、持ち味、誰かをケアしケアされてきた体験といったもののすべてを生かすことができます。ケアをめぐっては誰もが葛藤を体験するものですが、そうした葛藤の体験さえ、子どもたちへの理解を深める糧となりえます。

　専門職にとってまず必要なのは、そうした「育ての心」、子どもと出会う保育者の思いが深められていくことでしょう。誰もがその可能性をもっていますが、容易な道とは限りません。一人ひとりの子どもたちをどれだけ深く思うことができているか、どれだけ確かな関係を築けているかと自ら問うてみれば、難しいことだとわかるでしょう。それは保育者にとっての永遠の課題だといえます。

　その課題に取り組んでいく手がかりは、何よりも子どもたちと出会う体験の中にあります。保育者は体験を通して、またそれに触発されて、多くのことを学んでいきます。近年の保育学・教育学においては、こうした「省察（reflection）」の過程が重視され、保育者の専門性を考えるためのキーワードとなっているところです（本書第3章参照）。

　保育とは人間の営みであり、保育の専門性はその人の人間性と連続していることを見てきました。その上で、家庭とは異なる立場で子どもと出会う、保育者としての役割や専門性はどのようなものだと考えられるでしょうか。保育の中で何を重要と考えるかという保育観によって、その捉え方は変わってくることになります。

# 2●相互性の観点から見た保育の専門性

　ここでは保育者その人のあり方と、相互性を重視する保育観から、専門性について考えます。その手がかりとなるのは、子どもたちとの相互的な関係を深めた倉橋惣三や、その思想を受け継ぐ津守眞らの考えです。

## 2−1　保育者という「人」

　保育の営みの中で最も重要かつ欠くことができないのは、保育者という「人」であり、子どもとの関係です。仮に、同じ環境で同じような関わりを実践したとしても、そこから生まれる保育の流れや子どもたちの体験は、保育者がどんな人かによって変わってきます。保育において最も問われるのは、保育者その人なのです。

　実際、保育者は自分自身のあり方や、保育者としてのアイデンティティについて考えることがよくあります。義務としてそうするというよりも、日々子どもと出会う中で、あの子があのとき何を訴えたかったのか、自分はどんなふうに応えられたか、明日どんなふうに出会おうかと、自然と考えさせられているのです。保育者としての自分のあり方を考えるのは、単に自分の人生を思っているというより、保育の必然性に促されてのことだといえるでしょう。

　先にふれた倉橋惣三も、保育の根本にあるのは「保姆その人」だと論じています。子どもの自由や個性を尊重するにしても、保育者自身が自由な心をもち、自分の個性を尊重し発展させていなければならないし、知性や感性、教養も必要であって、保育者その人によって保育の価値が決まってくるというのです。ただ保育者その人というものは、保育環境や保育方法とは違って外から評価するのが難しく、安易に他人が立ち入ることのできない問題です。したがって「保姆その人という問題は、どこまで行っても、保姆自身の問題である。あなたの問題を当然あなたに担わせる」、それが保育をよりよいも

のとする第一の出発点なのだと、倉橋は語っています。[2)]

　保育者のあり方をどう深めていくかという問題について、倉橋の考えを端的に示した文章です。保育の環境や方法は可視化して検討しやすいテーマですが、保育者その人は、目に見えにくいけれども根本的に考えていくべき問題だといえるでしょう。一方で人間には個性や内面の自由があるわけですから、保育者の人としてのあり方を一律に決めることはできません。他の誰にも代わることのできない問題として保育者が自分自身に向き合うことを、倉橋は求めています。大変厳しい言葉ですが、同時に保育者それぞれの個性や自由を尊重する、肯定的な言葉でもあります。保育は大きな責任を伴う仕事ですが、それだけに、自分自身というものが本質的に生かされる仕事でもあるといえるでしょう。

## 2−2　保育における相互性

　保育者のあり方を深めるとは、保育者自身が向き合うべき問題なのだと述べてきました。けれどもそれは孤独な過程ではありません。子どもたちと出会う保育の日々を通して、進んでいく過程なのだと考えられます。

　実際、子どもたちは「保育者その人」をよく見ています。倉橋の言葉を補うなら、保育者の内面は大人の目からは見えにくいかもしれませんが、子どもにはよく伝わっているものです。第三者が外から保育を「観察」するとき、保育者の内面までは窺い知れないこともあるでしょう。けれども子どもたちは、嬉しいこと、困ったこと、心からの訴えなどをもって、体ごと保育者にぶつかってきます。そのとき、その瞬間にどう応えるかによって、保育者がどんな人間かは子どもたちに伝わるものです。子どもたちは自ら関わることによって相手を理解していきます。筆者自身、子どもたちと関わっていて、一緒に遊んでもらえる人なのか、自分を受け入れてくれる人なのか、安心してケアしてもらえる人なのかといったことを感じ取る子どもの力は、確かなものだと感じています。[3)]保育の「評価」は、外部からなされる以前に、何よりも目の前の子どもたちによって日々なされているし、そうした子どもたちからの評価こそが最も根本的なものではないでしょうか。子どもたちによ

く耳を傾けることが、保育者が自らの保育を深めていくための手がかりとなります。

　保育は関係によって成立すると述べてきましたが、その関係は相互的な性質をもっています。保育の中では子どもたちだけでなく、子どもと出会う保育者も、ともに成長していきます。倉橋惣三も『育ての心』で先に挙げた言葉に続いて、「育ての心は相手を育てるばかりではない。それによって自分も育てられてゆくのである[4]」と述べました。信頼し合う人間関係の中では、相手を一方的に指導し変化させるようなことは不可能であって、むしろ相手を育てる中で自分自身も育てられていくものです。

　発達研究者として出発し、子どもと関わる中で自らの保育学を築いてきた津守眞は、人間の成長の基礎となる体験として、ここが自分らしくいられる場だという「存在感」、自らの意志で選んだことを始める「能動性」、それを互いに調節し合って新しい関係を創造する「相互性」、自らの力を総動員し状況を総合的に判断して関わる「自我」を挙げています[5]。これらは目に見える個々の能力の達成ではなく、目には見えないけれどもそれらすべての基盤となるものを抽出している点で意義があると考えられます。こうした基礎的体験こそ、人生の出発点である乳幼児期に培われることが重要でしょう。それを可能にするのは、保育者と子どもとの相互的な信頼関係です。保育者と子どもとの相互性が深まるとき、子どもの成長が支えられると同時に、保育者自身も「存在感」「能動性」「相互性」「自我」の体験を新たにし、人間として成長していきます。

　相互的な関係を築くことは、子どもの主体性を尊重し、育むために必要なことです。子どもたちは一人ひとり意志と感情、尊厳をもった人間であって、一方的にコントロールするわけにはいきません。一人の人間としての子どもと向き合うとき、そこには相手の主体性への敬意があります。子どもを主体的な存在として受けとめ、子どもが生かされるような保育をつくっていく過程に、保育者の主体性が表れます。

　保育者と子どもは、保育の場における役割には違いがありますが、その存在の重みにおいて、また互いに学びつつ育っていく点では対等です。幼い子

どもとの間に敬意ある相互的な関係を築いていくことは、保育を深めていく
ひとつの条件だと考えられます。子どもが幼ければ幼いほど、子どもを尊重
する相互的な視点が重要だといえるでしょう。この相互性を保育者がどのよ
うに捉え、どう実現しているかによって、保育は大きく変わってきます。

# 3●保育者の役割と専門性

　保育を人間的な営みと捉え、相互性を重視する観点を示してきました。こ
の観点から、職業人としての保育者の役割と専門性について考えてみましょ
う。そのために、まずは保育者の制度上の役割について概観を示します。

## 3−1　制度上の保育者とその役割・専門性

　現在の日本における保育者の国家資格としては保育士があります。また、
教員免許状を取得している幼稚園教諭が幼稚園における保育を担っています。

①保育士の役割と専門性
　保育士については、児童福祉法第18条の４において「専門的知識及び技
術をもって、児童の保育及び児童の保護者に対する保育に関する指導を行
う」ことが定められています。保育所での保育の対象となるのは０歳児から
の乳児・幼児です（児童福祉法第39条）。
　保育所の役割については、保育所保育指針において、子どもの保育を行い、
その心身の発達を図るとともに、子どもの最善の利益を考慮すべきことが定
められています。その特性としては、家庭との連携や、養護と教育を一体的
に行うことなどが挙げられており、地域の子育て家庭を支援する役割をも担
うこととされています（第１章総則−１保育所保育に関する基本原則−（１）保
育所の役割）。こうした役割を担う保育士の専門性は次の６つとされています。

1　これからの社会に求められる資質を踏まえながら、乳幼児期の子どもの発達に関する専門的知識を基に子どもの育ちを見通し、一人一人の子どもの発達を援助する知識及び技術

2　子どもの発達過程や意欲を踏まえ、子ども自らが生活していく力を細やかに助ける生活援助の知識及び技術

3　保育所内外の空間や様々な設備、遊具、素材等の物的環境、自然環境や人的環境を生かし、保育の環境を構成していく知識及び技術

4　子どもの経験や興味や関心に応じて、様々な遊びを豊かに展開していくための知識及び技術

5　子ども同士の関わりや子どもと保護者の関わりなどを見守り、その気持ちに寄り添いながら適宜必要な援助をしていく関係構築の知識及び技術

6　保護者等への相談、助言に関する知識及び技術[6]

## ②幼稚園教諭の役割と専門性

幼稚園教諭については、学校教育法第27条第9項において「幼児の保育をつかさどる」ことが定められています。幼稚園での保育の対象となるのは満3歳以上の幼児です（同第26条）。また、幼稚園教育要領第3章2では、幼稚園が地域の子育て支援に努めるべきことが示されています。要領第1章総則では、環境を通して行う教育、幼児との信頼関係、計画的な環境構成の意義とともに、次の3点を重視するべきことが述べられています。

1　幼児は安定した情緒の下で自己を十分に発揮することにより発達に必要な体験を得ていくものであることを考慮して、幼児の主体的な活動を促し、幼児期にふさわしい生活が展開されるようにすること。

2　幼児の自発的な活動としての遊びは、心身の調和のとれた発達の基礎を培う重要な学習であることを考慮して、遊びを通しての指導を中心として第2章に示すねらいが総合的に達成されるようにすること。

3　幼児の発達は、心身の諸側面が相互に関連し合い、多様な経過をた

どって成し遂げられていくものであること、また、幼児の生活経験が
それぞれ異なることなどを考慮して、幼児一人一人の特性に応じ、発
達の課題に即した指導を行うようにすること。

（幼稚園教育要領−第1章総則−第1幼稚園教育の基本）


③共通点と相違点
　ここで見てきたように、保育者の役割・専門性の基本については、保育士
も幼稚園教諭も多くの点が共通しています。原則として両方の資格・免許を
もつ、認定こども園における保育教諭も同様です。
　強調点に違いはありますが、指針・要領のいずれにおいても保育者は、子
どもの保育と、子育て支援の役割を担うことが示されています。その専門性
として、発達の理解と援助、信頼関係の構築、主体的な生活と遊びを通して
育ちを促す環境構成、保育者の省察、保護者支援などが求められる点も共通
です。
　相違点としては、まず根拠法が挙げられます。保育士は保育所以外にも福
祉の領域で幅広く保育に携わりますが、幼稚園教諭は学校教育の一環として
の幼稚園教育を担います。ただし、1963（昭和38）年に出された文部省・厚
生省（当時）共同の通達「幼稚園と保育所との関係について」によって、「教
育」機能について両者は共通性をもつものとされています。認定こども園に
おける幼保連携の動きとも相まって、指針・要領とも、内容の共通化が進め
られてきました。
　資格や免許が違っても、子どもを育む大人のあり方は、根本においては変
わらないことを見て取ることができます。実践面での最大の相違点は、3歳
未満児の保育についての専門性をもつかどうかと、標準的な保育時間にある
といえるでしょう。
　別々の資格・免許ですから、個々の側面においては、養成課程、計画策定
の視点や子育て・家庭支援の枠組みなど、それぞれに異なる専門性や特色が
あります。保育士については、「養護と教育の一体性」が重要な特色とされ
ています（pp.54-56で詳述）。また、保育の計画や省察は両者に共通してい

ますが、近年特に強調されるようになってきました。これらの点については第3章で改めて取り上げることとして、ここでは保育者に共通する専門性について見ていきましょう。

## 3-2　相互性の視点から見た保育者の役割・専門性

　保育者に共通する基本的な役割・専門性について、相互性の視点からはどう捉えることができるか考えていきましょう。発達の理解、保育の方法と実践知、保護者支援、そして省察の問題を取り上げます。

### ①発達の理解

　乳幼児期の子どもたちの保育に携わるとき、発達を理解することは大変重要です。ある発達の時期の子どもたちの姿や、その時期にふさわしい遊びや生活のあり方を具体的にイメージできることが、日々の保育をつくっていく助けとなります。

　発達は、一人ひとり異なります。したがって一般的な発達の流れについて知ると同時に、一人ひとりの子どもたちの日々の姿から個々の発達を発見していく目をもつことが必要です。乳幼児期の子どもたちの発達は目覚ましいものがあるので、例えばハイハイから立ち上がった、歩けるようになったといった運動発達の節目には、誰もが気づくでしょう。しかしそのような目立った達成だけに限らず、子どもは日々の遊びや生活の中でいつでも発達を遂げているものです。何気ない姿の中に表れるその子の変化にどれだけ気づけるかによって、保育実践の中での発達理解の深さは変わってきます。

　発達に気づく目の大切さについて述べましたが、より重要なのは、発達をどう捉えるかという観点です。発達はしばしば、「社会的に望ましいとされる行動ができるか、できないか」という発想で捉えられがちです。このような発達観では、発達の図式にはまらない子、障碍をもった子、さらには「幼いということ」そのものの価値を否定することにもつながりかねません。

　津守眞は障碍をもつ子どもとその保護者に関わってきた経験から、次のように述べています。

直線尺度にあてはめるから、発達が遅れているという認識が生まれる。その認識は、日常生活の中にも暗黙のうちにある。相談者が、早い遅いを問題にしはじめると、親が自信を失う。子どもは自信を失い、悩みはじめる。相談者が早い、遅いという観点を捨てて、子どもはそれぞれ違った生き方をしていると見ると、親のかかわり方がかわってくる。周囲の人がそれぞれの子どもの感じ方や見え方を尊重することが、子どもの最善の発達を生みだす。たとえば、2才児の行動は、5才児より劣っているのではない。字を読めない時期には、字を読むようになったときよりも、絵をゆっくりと味わって見る。[7)]

　人間の姿を特定の能力やその優劣から捉えるのではなく、2歳児には2歳児の時期にしかない豊かさがあり、その子にはその子のかけがえのない発達があるのだと捉えるとき、保育者は一人ひとりの成長とその多様性を、敬意をもって受けとめることができるでしょう。
　発達を図式的・直線的に捉える見方では、いまの社会における大人のあり方が目標とされがちです。しかし子どもと日々接する保育者にとっては、こうした大人中心の枠組みを超えて、幼くあることの意義を認め、子どもの世界に心を開くことが必要ではないでしょうか。大人が自分自身を中心とする発達観を脱して、子どもたちの多様な発達を見出し、学んでいくとき、そこに相互的な関係が生まれます。

②保育方法と保育の実践知
　保育環境のつくり方、発達に応じた遊びや生活の援助など、保育者は保育の方法について日々考え続けています。こうした保育の方法を、どのように学んでいけばよいでしょうか。
　優れた実践例や保育方法に関する知識は、そのまま自分の保育に適用できるものとは限りません。園も、環境も、子どもたちも異なっているわけですから、全く同じようにはならないのが当然でしょう。保育者はさまざまな知

識を生かしつつ、子どもたちの声に耳を傾けて、自分たちの場に適した保育をつくっていきます。目の前の子どもたちからの反響を受けとめながら実践をつくり出していく相互的な関わりが重要だといえるでしょう。

　津守眞は、保育の知が「実践知」としての性格をもつことを示しています。

　　実証科学は、確かな命題、法則をもとめるが、保育（かかわり）の学問は、そのような確実さを求めると誤る。保育者が心を決め、心を通わせて子どもと出会い、子どもの表現を読み、それに応答してゆくのであって、公式を当てはめるわけにはいかない。実に主体的行為である。この不確実性こそが実践の性格である。それをもちこたえるだけの自我を育てることが、保育・教育全体の課題である[8]。

　保育の実践知はあらかじめ確立されたものではなく、状況との、そして子どもとの対話を通して保育者の中に生み出されるものです。「このようにすればうまくいく」とされる方法や、著名な保育者の名前を冠した方法であっても、その形だけを取り入れるなら、目の前の子どもたちに即した保育をかえって阻むことにもなりかねません。どんな実践も、子どもたちに応答する保育者の個性なしには成立しないものですから、先行研究などから学ぶ際には方法ばかりでなく、背景にある保育者の思いを感じ取り、それに触発されながら自分自身の保育をつくっていくことが望まれます。

### ③保護者支援

　保育者の役割として、子どもの保育だけでなく保護者支援が挙げられるようになったのは、1990年代以降の少子化対策の流れによるものです[9]。子どもを育てる家庭と日々身近に接する保育者にとって、現代の家庭が置かれている状況やその多様性をよく理解することは重要だといえるでしょう。

　ただそれは、現代に特有の課題だというわけではありません。保育者たちは昔から、保護者や家庭の支援にあたってきました。信頼できる大人が子どもを優しく見守りケアすることは、その子だけでなく家庭を支える力となり

ます。保育の場は幼い子どもにとって初めての社会生活の場ですが、子ども
はそこで温かなコミュニティを体験し、友だちと一緒に成長していくことが
できます。子育て中の保護者が直面するさまざまな危機は、子ども自身の成
長にも助けられて乗り越えられていくものです。その成長の過程を、家庭と
ともに歩む保育者がいることが、何よりも力になります。改まった「相談」
という形をとることが必要なケースももちろんありますが、日々の保育その
ものが果たしている役割は大きなものです。

　保護者から保育者が学ぶこともあります。例を挙げるなら、0歳児クラス
など幼い子どもの入園期に、初日から保護者と離れて一日中過ごすのではな
く、入園日のしばらく前から保護者と一緒に園で過ごす時間を設けて徐々に
慣れていく形をとることがあります。こうした「慣らし保育」の実践では、
子どもと保護者が園で過ごす中で、ここが安心して過ごせる場所なのだとい
う「存在感」を得られることが何よりも大切です。この期間に、保育者は子
どもと保護者と園生活をともにし、例えば保護者が子どもに離乳食を食べさ
せている様子にもふれながら、その子にとってどんなふうにするのが心地よ
く、嬉しいのかを知っていきます。子どもにとってふさわしい生活のあり方
を、その子とずっと生活してきた保護者から学んでいるのです。[10]

　これに限らず、保育者はさまざまな家庭にふれる中で多くのことを学びま
す。保育者自身の家庭に子どもがいる場合も、そうでない場合もあるでしょ
うし、年代が近いことも離れていることもあるでしょう。保護者も、子ども
も、保育者も、それぞれライフサイクルの異なる地点にいて、多様な家庭か
ら保育の場に集まってくるわけですから、保育上の知恵についても、人間と
してのあり方についても、さまざまに学ぶ機会が与えられます。保護者に対
する「指導」とは、子育ての「正解」を教えるということではないし、そう
した「正解」を他人が決めることはできません。保護者との関係はむしろ、
子どもの成長を願ってともに歩む相互的なものであり、保護者支援の専門性
もそうした相互的関係を深めたところにあるのだと考えられます。

### ④省察による保育者の変容

　子どもとの間に敬意ある相互的な関係を築くことの大切さについては、すでに述べてきました。倉橋惣三が述べたように、保育とは「育つものを育たせようとする」営みですから、保育者の仕事は相手の力に頼ってなされるものだといえます。その経験を積み重ねるとき、子どもへの信頼と敬意は自然と培われていくことでしょう。

　「関係構築」とは、こちら側の技術や知識だけでできることではありません。信頼ある関係を築くということは、相手の力も得て進む相互的な過程です。関係を築くことこそ、自分自身の判断と実践知が最も要求されるところです。

　保育者の「言葉がけ」を工夫する必要性はよくいわれるところですが、子どもたちの心は表面的な言葉によっては動きません。言葉の表層ばかりでなく、その子と真摯に向き合うとき、その保育者なりにふさわしい言葉が生まれてくるのです。

　相互的な関係の中では、一方だけが変わるということはありません。子どもとともに保育者自身も変容を遂げていきます。「省察」とは、相手からのフィードバックを取り入れて自分自身の枠組みが変わっていくことも意味しています。こうした省察による保育者の変容については、本書第3章第3節でさらに考えていきます。

## 4● 保育者として生きるということ

　保育者のアイデンティティは、実践経験を積む中で変遷していくという調査研究があります。保育者は経験年数を積む中で、自分自身の保育だけでなく園や社会への働きかけを視野に入れることができ、保育の中で出会う問題をひとつの要因で単純に割り切ることなく、多様に考えていけるようになっていくといわれています。[11]そこには保育を捉える視野が拡大していく過程が示されており、自分自身のこれからの保育について考えてみる上でも示唆的

です。

　一方こうした調査研究で扱われているのは、多くの保育者に共通するアイデンティティの変遷が主です。これに対して、自分自身が保育者として生き、アイデンティティの内的な変容を遂げていくことを考えると、その軌跡は一人ひとり多様であり、独自の過程を辿ることがわかるでしょう。アイデンティティとは、各時期に達成された個々の能力や特性だけで語られるものではなく、「私はどう歩んできたか」という物語によってこそ伝えられるもので[12]す。

　保育者としての成長について考える際には、そうした語りにふれることにも意義があります。倉橋惣三は、ある若い保育者が職を辞したいと思うほどの不安定な時期を乗り越え、自分自身の保育をつかんでいく過程を、「夏子」という物語によって描き出しています。[13]自らを問い直す省察、保護者と子どもから学ぶ相互性、与えられた知識を超えて自分自身の判断で保育をつくっていくコミットメントなど、本章でふれてきたテーマが織り込まれた物語です。

　これに関連して、経験を積むということの意味についても考えておきましょう。「夏子」は若い保育者ですが、だからこそ日々の保育から根本的な問題について悩み考えることができたともいえます。保育者の実際の体験を描いたものとしては、初めて担任となり、迷いながらも子どもたちと真摯に関わって、そこから生まれた保育とイメージの展開について深く考察した論文もあります。[14]まだ経験を積んでいない時代には試行錯誤も多くありますが、それは保育を根本的に考える契機とも捉えることができます。

　倉橋惣三の「新たに考えよ」[15]では、新人の保育者が保育に疑問をもち、手がかりを求めて先輩を訪ね歩きますが、誰も答えてくれないまま、ただ現場に慣れてしまったという寓話が挙げられています。「疑問は解かれたのではない。ただそのままにいつの間にやら忘れられてしまっていたのである」[16]と倉橋はいいます。ここでは、経験年数を積むことで、かえって保育の本質を見失ってしまう逆説が示されています。

　保育者の成長も、子どもの発達と同様に、多様な過程を辿ります。それは

年数に沿って直線的に深まるとは限りません。初めて先生になる人にしかできないこと、見えないものもあれば、もちろん経験を積んでこそわかることもあります。保育者は経験を積む中で実践知を獲得していきますが、どんな実践知を培ってきたのかが問われるということです。子どもに寄り添い、深く理解できるようになっていく可能性もあれば、子どもを一方的に動かす方法が身について、自らの保育を振り返らないがゆえの自信、確信をもつようになる危険性もあります。

　そう考えると、経験を積んだ人であれ、そうでない人であれ、どの保育者も自分なりの役割を果たしており、保育の中でそれぞれの課題に取り組んでいるのだと考えられます。育ちゆく者が集う保育の場は、保育者自身にとっても自分が成長していける場です。目の前の子どもたちと真摯に出会い、日々保育する中で思いを深めていくとき、その一つひとつが、保育者のアイデンティティの構築につながっていくでしょう。

＊　　＊　　＊　　＊

**注**

1 ）倉橋惣三「育ての心」『倉橋惣三選集第 3 巻』フレーベル館、1965 、p.12

2 ）倉橋惣三「保姆その人」『倉橋惣三選集第 2 巻』フレーベル館、1965 、pp.258‒261

3 ）西 隆太朗『子どもと出会う保育学─思想と実践の融合をめざして』ミネルヴァ書房、2018

4 ）前掲 1 ）、pp.12‒13

5 ）津守 真「保育の知を求めて」『教育学研究』69 （ 3 ）、2002 、pp.39‒40（http://hdl.handle.net/10083/9698）

6 ）厚生労働省編『保育所保育指針解説』フレーベル館、2018 、p.17

7 ）津守 真「乳幼児精神発達診断法1995年増補の序」津守 真・稲毛教子『増補 乳幼児精神発達診断法─ 0 才〜 3 才まで』大日本図書、1995
　　なお、ここでは津守の表記にならって「障碍」の語を用いています。

8 ）前掲 5 ）、p.44

9 ）近藤幹生「少子化対策と保育施策」日本保育学会編『保育を支えるしくみ─

制度と行政（保育学講座2）』東京大学出版会、2016

10) 伊藤美保子・西 隆太朗『写真で描く乳児保育の実践—子どもの世界を見つめて』ミネルヴァ書房、2020
入園期における子ども・保護者との関わりの実際が、具体的に示されています。

11) 秋田喜代美「保育者のライフステージと危機」『発達』83、2000、pp.48–52

12) 河合隼雄「物語と心理療法」『物語と人間の科学』岩波書店、1993、pp.1–43

13) 倉橋惣三「夏子」『倉橋惣三選集第2巻』フレーベル館、1965、pp.107–130

14) 入江礼子「保育の現場研究による発達試論—幼稚園生活における子どもの発達」本田和子・津守 真編『保育現象の文化論的展開（人間現象としての保育研究3）』光生館、1977、pp.13–92

15) 倉橋惣三「新たに考えよ」『倉橋惣三選集第2巻』フレーベル館、1965、pp.276–280

16) 同上、p.279

**演習課題**

■1 保育者にはどのような役割が求められているか、保育所保育指針、幼稚園教育要領、幼保連携型認定こども園教育・保育要領から具体的に読み取ってみましょう。

■2 保育者と子どもとの相互的な関係について理解するために、自分自身が子どもと関わった体験を振り返り、そこから何を学んだか考えてみましょう。

# 第2章

# 保育思想との対話

　本章では、保育者にとっての思想や理論の意義について考えます。

　保育の思想は書物の中にあるだけでなく、身近な保育実践の中に生きています。保育の中で何を大事にしていきたいかについては、うまく言葉にできなくても、一人ひとりの保育者の心の中に何かしらの思いがあるはずです。どんな保育観をもつかによって、子どもに与える影響は変わってきます。また、子どもたちと出会う中で自分自身の考えが改められていくこともあるでしょう。そのような過程は、保育思想との対話によって深められます。

　「対話」とは相互的なものです。保育者は書物から単に知識を受け取るのではなく、自らの保育体験と照らし合わせながら、自分自身の考えを主体的につくっていきます。本章では日本と海外の保育思想にふれながら、保育者がどのように保育思想を受けとめるかについて考えていきます。

# 1●保育思想と保育実践

## 1−1　保育実践の背景にあるもの

　保育の思想は、実践と切り離すことができないところに特徴があります。このことについて、まずは身近な保育の問題から考えてみましょう。

例えば片付けひとつをとってみても、保育者がどんな願いや見通しをもっているかによって、実践は変わってきます。自由遊びの時間、子どもが次々におもちゃを出しては遊ぶうちに、部屋の中が乱雑になってきたとしましょう。保育者はどんなふうに関わるでしょうか。

　「片付けのような基本的な生活習慣は身につけてほしいし、周りの皆にも迷惑がかかるので言うべきことはきちんと言う」のがよいでしょうか。ただ、なかなか保育者の言うことを聞いてくれない子もいるかもしれません。言えば言うほど子どもが反抗したり、あるいは甘えたりふざけたりして、保育者と子どもとの間の「駆け引き」にはまり込んでしまう場合もあるでしょう。そうであれば、子どもがその気になるような「言葉がけ」ができるスキルを身につける必要があります。これは基本的生活習慣を重視する考え方で、それをスムーズに獲得できるよう働きかけるのが保育者の技量ということになります。

　これに発達の理解を取り入れることも考えられます。もしこの場面が低年齢児のクラスだったら、片付けよりも十分な探索行動が重視されるでしょう。一方4・5歳児なら、感情のコントロールや見通しをもって生活できるようになっていく時期です。そうであれば、これをひとつの教育機会と捉えて計画的に働きかけていくことが考えられます。発達障害の可能性なども視野に入ってくるかもしれません。この観点では「望ましい発達」のイメージが保育者の中にあり、それを目指す働きかけのスキルが求められます。

　これらの考え方は、明確な目標が設定され、その実現のための働きかけや技術が用いられる点で、直線的に理解しやすいものです。一方、保育を外的な行動の次元や社会的な望ましさから捉えている点で、視野が限定的なものになっています。問題は片付けられないでいる子どもにあると捉える点も共通で、その子どもを変えていくことが目標となっています。

　これに対して、津守房江（1930-2016）という保育者の考え方には、より内的な次元への志向が見られます。彼女は津守眞と共同で保育に取り組み、その体験からの省察を語ってきました、ここに挙げるのは、保護者からの相談を受けとめながら、片付けについての思いを綴った一節です。

　子どもがおもちゃを次々に出すことは、遊ぼうとする意欲のあること
で、その子の気持の流れとしては、自然なことなのであろう。私には片
付けてから次のことをするように注意するよりも、その一つ一つの遊び
の中で、本当に自分を発揮しているか、自分の思いを満たしているかの
方が、気にかかった。遊ぶ意欲はあっても満たされない時、次々に出す
という行動を、子どもが取りやすいように思う。子どもはおもちゃを出
すことで、自分の心を出そうとし、自分を発揮しようとしているように
も考えられるからである。子どもが落ち着いて遊んでいるかどうか、子
どもの遊びや生活のリズムが無理なくいっているかどうか、見直すこと
も大切である。

　片付けることは、過ぎ去った時の物を整理するだけでなく、この空間
を愛して、またここで生活しよう、またここで遊ぼうという時、無理な
くできる。[1]


　ここには子どもの内的な体験や、行為の背景にある意味の次元にふれよう
とする姿勢が示されています。子どもが片付けられずにいるとき、それを単
に「問題」と捉えるのではなく、その子の心の表現と見ています。表面的に
はマイナスに見える行動の中にも、その子なりの可能性が含まれていると考
えられるのです。

　「子どもの思いばかり優先していては、社会性が身につかないのではない
か」と考える人もいるかもしれません。しかし、片付けが大切なものと捉え
られているのは、先の引用からも読み取れるでしょう。片付けのとき、子ど
もが心からそうしたいと感じて動き出すなら、内的な体験と外的な必要性が
調和した、無理のない生活がつくり出せると考えているわけです。また、片
付けは保育の中のひとつの課題ですが、それだけでなく保育の場が、その子
が自分らしく伸びることのできるものになっているかが重要だと考えられて
います。

　ここには、子どもの側の「問題」だけを焦点化するのではなく、保育の流

れ全体を振り返る視点が示されています。片付けの前には遊びが展開されているわけですから、その遊びが子どもにとってどんな体験だったのかを考えなければ、片付けのときに起きてくる問題も十分理解することができません。その日の遊びの中で、その子が困るようなことが起こっていたのかもしれません。園生活というコンテクストから事態を捉えれば、保育者自身が行ってきた保育のあり方も問われるでしょう。子どもが投げかける「問題」は、保育者が自らを振り返る省察の手がかりと捉えられるのです。そこには、子どもと保育者がともに変容するという相互的な観点が見られます。

「焦点化しない」ということは、全体を見ているということでもあります。片付け場面の指導というよりも、人間としてその子に出会っているのです。このような視点は全人的（ホリスティック）なものといわれます。保育者の焦点化された関わりは、それに直結した場面での適応力を促進するかもしれません。しかし全人的な関わりは、まだ見えないその子自身の可能性までも引き出す支えとなります。

津守房江はこのような視点を、生活の中で出会う一つひとつのテーマに即して、保育者や親子に直接語りかける形で示しています。読者はその視点から触発されて、自分自身の保育をつくっていくことができます。

保育の中では、ささやかに見える出来事も大きな意味をもっています。片付けを例にさまざまな視点を示してきましたが、保育者の保育観によって、保育の実際も、子どもの体験も、相当に変わってくることがわかるでしょう。

## 1-2　保育者の中にある理論

実践の背景にある保育者の保育観によって、保育のあり方が相当に変わってくることを見てきました。こうした保育観は、その人なりのひとつの「理論」だと考えることができます。

D・A・ショーン（1930-1997）は、さまざまな領域における実践者のあり方を研究した「省察的実践論」で知られます（本書第3章第3節参照）。ショーンらは、このように実践に影響を与えている暗黙の「理論」を「実際に使われている理論」（theory-in-use）と呼んでいます。熟達した実践者であっ

ても、自らの「実際に使われている理論」を意識していないことはありえま
す。一方、実践者自身が自らの行為を説明するために用いられるのが、「標
榜している理論」（espoused theory）です。2つの理論が乖離していたり、そ
れに無自覚であったりする場合には、実践上の課題に向き合うことが困難に
なるといいます。[2] 保育者が歩んでいく上では、実践に表れる自分自身の保
育観を自覚し、それを保育の実態に即してアップデートしていく必要がある
でしょう。

　例えば保育所保育指針にしても、幼稚園教育要領にしても、子どもが「主
体的」であることの意義に関する記述が随所に見られます。このことを実践
との関連で見てみましょう。先ほどの片付けの例でいえば、次々とおもちゃ
を出してくる子どもが「主体的」なのでしょうか、それとも進んで先生の言
うことに従おうとするのが「主体的」なのでしょうか。「私は子どもの主体
性を大事にする保育者だ」と信じていたとしても、その主体性を保育者が実
際にどう捉えているかによって、保育も、子どもたちの体験も違うものにな
ってきます。

　言語化されたものかどうかは別にして、保育者は自らの内に何らかの理論
をもっています。その理論が一人の人間の中で時間をかけて深められ、普遍
性をもった形で言語化されたとき、それは保育思想と呼ぶに価するものとな
ります。保育思想の芽は、保育者一人ひとりの中にあります。私たちもその
作り手の一人です。


# 2●対話の体験

## 2−1　保育思想の批判的継承

　保育思想を読むのは、単に知識を取り入れる学びとは違っています。むし
ろ、保育の体験を手がかりとしながら著者と対話し、ともに考えるプロセス
という方がふさわしいでしょう。このような読み方をするとき、時間も場所
も遠く離れてはいても、著者と読者は対等の存在となり、双方向的な学びが

生まれます。

　こうした対話の体験について、ドイツの F・W・フレーベル（1782–1852）の保育思想がどう受けとめられてきたかを例として挙げてみましょう。フレーベルは幼い子どもたちのための学園として、キンダーガルテン（子どもの庭）を創始しました。日本語訳としてはしばしば「幼稚園」が当てられますが、フレーベルの構想は乳児期から始まっているので、保育園もキンダーガルテンに相当します。[3] 制度上は「保育所」ですが、「保育園」と名付けられている園が多いのは、草創期の保育者たちがフレーベルの思いを継ぐ保育の場を目指してこの名を用いたことに端を発するといわれています。[4]

　アメリカの教育学者 J・デューイ（1859–1952）は、シカゴ大学附属の実験学校から新しい教育のあり方を打ち出しました。それまでの、知識を一方的に詰め込む教育を超えて、子どもが主人公となる学校をつくろうとしたのです。19 世紀末から 20 世紀にかけては、子どもの主体性を尊重する「新教育運動」が世界に広がりました。デューイはその代表的思想家です。

　デューイはまず小学校を開設しましたが、それはフレーベルのキンダーガルテンの思想を継承するものだといいます。デューイが受け継いだフレーベルの原理は、①子どもたちが相互に助け合う生活を築くこと、②子どもの自発的な遊びや活動を教育方法の基礎とすること、③子ども個人から生まれる動きをより広い社会と結びつけることでした。

　一方でデューイは、フレーベルの神秘的な象徴主義を批判しています。フレーベルは「恩物」と呼ばれる遊具を重視し、球体や立方体で子どもが遊ぶ一つひとつの行為に宗教的ともいえる象徴的意味を見出していました。これに対してデューイは、科学が未熟だった時代だからこそフレーベルはこじつけの説明を加えざるをえなかったのだとして、この象徴主義を排していま[5]す。

　ここには、先人の保育思想を批判しつつ継承する姿勢が見られます。現代との関連でいえば、保育と小学校教育の「接続」についてのデューイの考えが注目されます。今日の情勢が「小学校入学に必要な能力を達成するため」の保育の「学校化」に傾きがちなのとは逆に、彼はキンダーガルテンの精神

に則った小学校を築いたのです。デューイはフレーベルの思想を独自の形で再解釈したわけですが、小学校のあり方を考え直すような、根本的な次元での思考の糧としたことが見て取れます。

　保育思想を読むとは、著者の考えをコピーするということではありません。デューイが自らの学校を築いていくとき、フレーベルの思想は不変のものとしてではなく、再解釈され、新しい形で生かされています。古典は創造的に読まれることによって変容し、新たな意味を与えられるのです。

## 2－2　保育の体験という参照点

　それではデューイが排したフレーベルの象徴主義は、全く意味がなかったのでしょうか。フレーベルがそのような叙述を通して繰り返し強調しているのは、遊びの中で子どもの内面と外的世界は一体となり、そこに自己の可能性を実現し世界を信頼する生命的な体験が生まれるということでした。また、そのような子どもの遊びに関わるとき、大人もその生命的な体験をともにすることで人生を豊かにされるという、相互性の意義も語られています[6]。その語り口があまりにメタフォリカルだったからといって捨て去ってしまえば、フレーベルが伝えたかった内的体験の意義が損なわれるかもしれません。「科学的」に説明できないものを排除することによって、遊びの何か大切なもの、根源的なものが見失われてしまうかもしれないのです。

　一方で、フレーベルの保育が広がっていく初期の段階では、彼の語った言葉が教条主義的に受け取られる傾向がありました。当時の保育者たちは、「恩物」の使い方やその順序などを厳密に守っていました。フレーベルは子どもの内的体験を重んじていたのであって、方法だけを形式的に模倣しても彼の精神を継承したといえるわけではありません。こうした教条主義的な保育実践は、子どもの実態とはかけ離れたものであり、批判を呼びました。デューイはこれとは違う形で、フレーベルを批判的に継承したのです。

　倉橋惣三もフレーベルを敬愛しつつ、批判的に継承した一人でした。彼が幼稚園の園長となったとき、「恩物」を子どもが自由に遊べる遊具としたことはよく知られています[7]。彼がフレーベルの象徴主義的な説明を批判し、

その形式的模倣を否定した点はデューイと共通です。デューイはフレーベルの主張のうち合理的な原理のみを焦点化し取捨選択したことになりますが、倉橋はフレーベルの思想全体と向き合いました。

　倉橋は、観念的な議論を超えて、フレーベルの心を率直に読むべきだと繰り返し述べています。フレーベルの理論や保育方法以上に、子どもの世界への洞察と、子どもと率直に出会う心が彼の思想の本質だというのです。彼[8]は子どもたちがフレーベルに懐いて離れようとしなかった様子にふれながら、子どもの心を満たし、子どもとひとつになれる純粋さこそが、フレーベルの思想の根本にあるといいます。倉橋自身も、学生時代から幼稚園の子どもたちに懐かれながら、心理学的・保育学的研究を進めてきました。

　保育は幼い子どもたちと心を通わせる関係によって成り立つ実践です。子どもとの人間関係も、保育の実践も、観念的な議論だけで割り切ることができません。遊びの意義を重視するといっても、「発達を促す上で有用な手段だといわれているから」そうするのか、「子どもと保育者にとってかけがえのない体験だと実感しているから」なのかによって、実際の保育は変わってきます。前者が子どもの発達を促進しようとする外からの視点だとすれば、後者は内的体験に基づく視点です。フレーベルと倉橋は、時代も場所も違っていても、こうした「子どもとひとつになる」体験を共有していました。彼らの思想は、そうした体験があってこそ真に理解できるものといえるでしょう。

# 3●保育を支える思想

## 3-1　開拓者の精神にふれる

　先人の保育思想を読む意義のひとつに、開拓者の精神にふれるということが挙げられます。フレーベルはもちろん、デューイも倉橋も、それぞれの時代における開拓者でした。彼らはそれまで存在していなかったキンダーガルテンや、子どもが主人公となる学校を築き、独自の思想をつくり上げてきた

のです。先例に頼ることができない状況で保育に取り組む開拓者たちは、自分自身の目で、自分自身の保育体験から、考えを紡ぎ出さなければなりません。そこには、保育の中の大切な問題を一つひとつ根本的に考え直していく過程があります。その過程を辿るとき、読者は自分自身で保育を根本的に考えるという姿勢を学ぶことができます。

　開拓者というのは、必ずしも著名な思想家に限りません。ささやかな形であったとしても、私たちも、子どもたちも、まだ見えない未来に向かって歩む開拓者です。子どもたちが集う保育の場は、予想外の出来事が日々生み出される場であって、昨日までと同じ実践がいつまでも通用することはありません。成長していく子どもたちに応えて保育をつくり上げていくとき、それは自然と保育の根本を考えることにもつながっていくでしょう。

## 3−2　子どもの世界を守るために

　近年保育思想の世界で注目されているのが、イタリアのレッジョ・エミリアで保育をつくり上げてきたL・マラグッツィ（1920−1994）です。直接語られる言葉を超えた「子どもたちの100の言葉」に耳を傾けること、それをドキュメンテーション（P.167参照）の形で保育者・保護者・子どもが共有し、民主的な話し合いを進めていくといった実践が、世界的に大きな影響を与えています。[9] ニュージーランドの保育カリキュラムである「テ・ファリキ」は、多文化共生のモデルを示しています。このカリキュラムは、幸福、所属感、貢献、コミュニケーション、探究の5領域を育てることを目指していますが、日本と比較してみても興味深い考え方だといえるでしょう。[10] イギリスでは、精神分析的な視点から子ども・保護者・保育者の関係理解を深めたS・アイザックス（1885−1948）が、実践的な立場からも、子どもとの情緒的交流を観察し理解する立場からも、再評価されています。[11]

　これらを含めてさまざまな保育思想に共通するのは、子どもを尊重し、子どもの力を信頼するという姿勢です。その点で、フレーベルに始まる保育思想や新教育運動は、現代の保育にも影響を与え続けているといえます。

　現代の競争社会では、保育も教育も、子どもを早く社会に適応させ、将来

の労働力として必要な能力を身につけるものとみなされがちです。しかし、子どもと信頼関係を結び、ともに歩んでいく保育者は、訓練の対象としてではなく人間として子どもと出会っています。保育者は子どもの最善の利益を尊重する存在であり、大人社会の利益の代弁者として子どもに向かうのではありません。そのためには、子どもの世界の大切さを大人社会に伝え、代弁できるだけの思想を自分自身の中にもつ必要があると考えられます。

　M・エンデ（1929-1995）の『モモ』には、決められた遊び方を子どもに押し付けて、豊かな時間を搾取していく「灰色の男たち」が描かれています[12]。物語の中では敵役ではありますが、ともすれば保育者・教育者も、この「灰色の男たち」のようになってしまうことはないでしょうか。保育・教育は、子どもたちの豊かな世界を守るものにも、またその豊かさを奪うものにもなりうるということは、皆さんも自分自身が育ってきた体験から実感できるでしょう。児童文学にも子どもと内的体験をともにし、子どもの世界を守ってきた積み重ねがあります。こうしたさまざまな学際的領域から子ども観を学ぶことも、保育者が考えていくための糧となるでしょう。

## 3-3　日本の保育思想

　日本の保育思想では、これまで紹介してきた倉橋惣三、津守眞らが、保育の研究と実践に大きな影響を与えています。倉橋は東京女子高等師範学校附属幼稚園の主事（園長）を務める中で、敬意をもって子どもと出会う保育学を全国に発信してきました[13]。津守は発達研究者として出発しましたが、障碍をもつ子どもと保護者の支援に携わり、のちには自ら養護学校（現・特別支援学校）の保育者となって、実践と思想をひとつのものとしました[14]。一方、城戸幡太郎（1893-1985）はより社会性を重視した保育論を展開するとともに、実践者と研究者の協働を進めました。こうした協働は、現在に続く保育問題研究会においても続けられています。

　さまざまな思想や理論がある中で、保育者はどのように自らの保育観を培っていけばよいでしょうか。津守眞は保育者と理論の関係について、次のように述べました。

　不確実性は実践の本質であり、実践を向上させる原動力でもあるのだが、その不確実性の故に、実践者には学問、制度の権威に依存する傾向がある。また、流行に流されやすい。保育者は常に子どもの声に耳を傾け、が自らの主体性をもって判断し、状況の中で決断して行為せねばならない。[15]

　権威ある確実な理論を求めて、その形だけを取り入れれば、子どもの現実を受けとめて応答することができなくなってしまいます。保育者にとって、第一の手がかりとなるのは、子どもと出会う体験です。子どもたちとの出会いを出発点としながら自分自身の探究を進めていくとき、思想や理論はその探究の歩みを支えるものとなるでしょう。

＊　＊　＊　＊

### 注

1）津守房江「片付けること」『育てるものの日常』婦人之友社、1988、pp.194-195

2）Chris Argyris&Donald A. Schön, *Theory in Practice: Increasing Professional Effectiveness*, San Francisco: Jossey-Bass, 1974.
　日本では「使用理論（theory-in-use）」「信奉理論（espoused theory）」という訳語が用いられています。

3）荘司雅子「キンダーガルテンの本来の意味―幼稚園創立150周年を迎えて」『幼児の教育』89（12）、1990、pp.4-5（http://hdl.handle.net/10083/44982）

4）宍戸健夫『日本における保育園の誕生―子どもたちの貧困に挑んだ人びと』新読書社、2014

5）John Dewey, *The School and Society*（*Revised Edition*）, Chicago: The University of Chicago Press, 1915.（宮原誠一訳『学校と社会』岩波書店、1957）
　フレーベルに関する章については、毛利陽太郎訳『学校と社会（世界新教育運動選書10）』明治図書出版、1985に、より的確な訳がなされています。

6）小原国芳・荘司雅子監修『幼稚園教育学（フレーベル全集第4巻）』玉川大

学出版部、1981

なお、フレーベルが象徴的表現を通して何を伝えようとしていたかについて
は、矢野智司『意味が躍動する生とは何か―遊ぶ子どもの人間学』世織書房、
2006に詳しく論じられています。

7）倉橋惣三「子供讃歌」『倉橋惣三選集第1巻』フレーベル館、1965、pp.123
　　－296

8）倉橋惣三「フレーベル」『倉橋惣三選集第1巻』フレーベル館、1965、
　　pp.297－404

9）カルラ・リナルディ／里見 実訳『レッジョ・エミリアと対話しながら―知
　　の紡ぎ手たちの町と学校』ミネルヴァ書房、2019

10）テ・ファリキについては、大宮勇雄『保育の質を高める―21世紀の保育観・
　　保育条件・専門性』ひとなる書房、2006に紹介されています。

11）大塚忠剛『アイザックス幼児教育論の研究』北大路書房、1995

12）ミヒャエル・エンデ／大島かおり訳『モモ』岩波書店、2005

13）前掲7）

14）津守 真『保育者の地平―私的体験から普遍に向けて』ミネルヴァ書房、
　　1997

15）津守 真「保育の知を求めて」『教育学研究』69（3）、2002、p. 44
　　（http://hdl.handle.net/10083/9698）

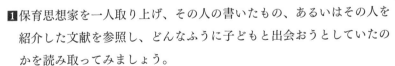

**演習課題**

❶保育思想家を一人取り上げ、その人の書いたもの、あるいはその人を
　紹介した文献を参照し、どんなふうに子どもと出会おうとしていたの
　かを読み取ってみましょう。

❷子どもの「主体性」をどのように育むのかについて、本章で「片付
　け」の場面を例示したように、保育の中の具体的な場面を想定して考
　えてみましょう。

# 第3章

# 現代における
# 保育者の課題

本章では、現在の保育制度を踏まえて、これからの保育者のあり方を考える上で重要なテーマを取り上げます。保育者の資格と倫理、保育におけるケアと教育の問題、保育者の専門性を深める「省察」について、子どもと出会う相互性の観点から考えていきます。

## 1●保育制度と保育者

### 1−1　保育制度における保育者の位置付け

①資格・免許と職域

　まず、現在の日本の保育制度における保育者の位置付けを概観していきましょう。第1章でもふれたように、保育士も幼稚園教諭も、子どもの保育と、子育てに関する支援の両方を担う専門職とされています。幼稚園教諭が幼児を指導の対象としているのに対して、保育士は児童、つまり0歳から18歳未満までの子どもを対象としています（児童福祉法第4条）。また保育士の職域は保育所のみならず、それ以外の児童福祉施設を含みます。

　保育士は名称独占資格であり、有資格者以外は「保育士」の名称を名乗ることが認められません（児童福祉法第18条の4）。資格をもたない者が業務を行うことができない業務独占資格とは異なります。施設の種別・子どもの年

齢・人数等によって保育士の配置基準が定められています（児童福祉施設の設備及び運営に関する基準）。

## ②資格・免許の取得条件

保育士の資格取得には、指定保育士養成施設（保育士養成校）で指定科目の単位をすべて取得するか、保育士試験（筆記試験および実技試験）に合格することが必要です。また保育士として働くには、都道府県での保育士登録を受ける必要があります（児童福祉法第18条の18）。保育士の義務としては、「保育士の信用を傷つけるような行為をしてはならない」こと（信用失墜行為の禁止：同第18条の21）、「正当な理由がなく、その業務に関して知り得た人の秘密を漏らしてはならない。保育士でなくなつた後においても、同様とする」こと（秘密保持義務：同第18条の22）が定められています。これらに違反した場合、都道府県知事は保育士の登録を取り消さなければなりません（同第18条の19）。保育士になることができない「欠格事由」は児童福祉法第18条の5に定められており、この登録取り消しも欠格事由に関連しています。

幼稚園教諭の免許取得には、基礎資格として学位（1種免許では学士、2種免許では短期大学士）を有し、教員養成機関で所定の単位を取得するか、教育職員検定に合格することが必要です。欠格条項は学校教育法第9条・教育職員免許法第5条第1項に示されています。また、教員免許更新制により、10年ごとに講習を受けて免許を更新する必要があります。

## ③研修機会の保障

保育士、幼稚園教諭とも、専門性を高めるための多様な研修機会が用意されています。保育士については「キャリアアップ研修」により、中堅の職員が各分野での研修を積み、これに応じた処遇改善が図られるようになりました（厚生労働省「保育士等キャリアアップ研修の実施について」）。幼稚園教諭にはいくつかの職階を設けることができ（学校教育法第27条）、研修の機会を保障することが定められています（教育公務員特例法第4章研修）。

## 1-2　保育者にとっての倫理

　保育者の倫理については、上記の資格・免許の取得条件や欠格事由、保育所保育指針、幼稚園教育要領、幼保連携型認定こども園教育・保育要領などを通して、国としての基本線が示されていると考えられます。

　これに加えて、保育士の専門職団体による倫理綱領があります。全国保育士会倫理綱領では、「すべての子どもは、豊かな愛情のなかで心身ともに健やかに育てられ、自ら伸びていく無限の可能性を持っています。私たちは、子どもが現在（いま）を幸せに生活し、未来（あす）を生きる力を育てる保育の仕事に誇りと責任をもって、自らの人間性と専門性の向上に努め、一人ひとりの子どもを心から尊重し、次のことを行います」との前文に続いて、①子どもの最善の利益の尊重、②子どもの発達保障、③保護者との協力、④プライバシーの保護、⑤チームワークと自己評価、⑥利用者の代弁、⑦地域の子育て支援、⑧専門職としての責務の8項目を掲げています。ここには全国保育士会としての基本的な保育観と、それに基づく行動規範が示されています。

　これらは公的なものとして規定され、専門家集団が決定した倫理ですが、最終的にその倫理に基づく実践を行うのは保育者です。倫理とは本来、一人ひとりの保育者の中にあるものだといえるでしょう。

　例えば、子どもや保護者の個人情報や秘密を守るのは、「法に定められているから」というだけではありません。カウンセリングなどにもいえることですが、何をどこまで話すかは、相手との信頼関係によって変わってきますし、自分の秘密が尊重され守られることが、安心して心を開く条件にもなります。このことを踏まえると、個人情報の漏洩防止はもちろんですが、それだけでなく、情報を受けとめ、伝え、共有する際に、それを通して関係にどのような影響が及ぶのか考えることも必要でしょう。関係性を軸にした観点をもつことで、保護者と話し合う際など、どんな状況が相手にとって安心できるのかを実際的に考えていくことができます。保育者の倫理とは、単に倫理規定を遵守するという次元にとどまらず、子どもと保護者を尊重する保育

を深めていく過程と一体のものだと考えられます。

# 2●養護と教育の一体性

## 2−1　教育におけるケアの必要性

　保育所保育指針は、保育所保育の特性として「養護及び教育を一体的に行うこと」を挙げています。保育における養護は、子どもたちの生命の保持、情緒の安定を図るものです。養護と教育の一体的展開とは、「保育士等が子どもを一人の人間として尊重し、その命を守り、情緒の安定を図りつつ、乳幼児期にふさわしい経験が積み重ねられていくよう丁寧に援助すること[1]」を指し、「子どもの心を受け止め、応答的なやり取りを重ねながら、子どもの育ちを見通し援助していく[2]」ことであると説明されています。信頼関係と応答的な関わりを基盤に、子どもの経験を保障していく営みであることがわかります。

　保育・教育におけるケアや信頼関係、応答的な関わりの重要性は、世界の共通認識となっています。フレーベルはすでに、遊びの中で学び育つことと、保育者との信頼関係、そこから生まれる子どもの充足感を大切にする、ホリスティックな視点をもっていました（本書第2章参照）。イギリスで子どもたちと家庭を支援する保育学校を築いたR・マクミラン（1859-1917）とM・マクミラン（1860-1931）の姉妹は、幼い子どもたちが学び育つ上では第一に身体的・社会的・情緒的ニーズが満たされる必要があるとする、エデュケア（educare）の概念を提唱しました[3]。国際的に見ると、「保育」に相当する語はEarly Childhood Education and Care（ECEC）であり、保育におけるケアの意義は広く認識されているといえるでしょう。

　教育学者の佐藤学（1951-）は、教育とケア・癒しの働きは本来一体のものだったにもかかわらず、近代的教育の制度化とともに教える機能だけが抽出され、そのために現代の教育に多くの問題をもたらしたことを指摘しています。この観点からは、保育の場だけでなく、広く教育の場においてケアと

癒しの働きを回復することが求められます[4]。

　養護と教育の一体性は保育士の専門性を特徴づける概念ですが、だからといって幼稚園や小学校以降の学校では必要ないわけではありません。どんな教育の場であれ、一人ひとりに応じたケアの働きが求められるのは変わらないはずです。保育士の場合はそのことが明確化されており、とりわけ3歳未満児の生活面を含めたケアについては固有の専門性が求められるのだと捉えられます。

## 2-2　「一体性」をどう理解するか

　保育所保育指針解説では、養護と教育は「切り離せるものではない」ことが示されています[5]。教育を実施している中に養護を別途加えるようなものではないわけです。子どもの心を受けとめる応答的な関わりは、保育者のあらゆる行為に通底しています。

　発達心理学者・保育学者の鯨岡峻（1943-）は、どのような保育の場であっても、育てる営みは養護の働き（機能）と教育の働き（機能）をあわせもっているのであって、養護は個別の教科や領域のような形で存在しているわけではないと指摘しています[6]。保育者のあらゆる関わりの中に、養護の働きと教育の働きは常に含まれているのです。

　ケアの倫理学を探究したN・ノディングズ（1929-）は、ケアが相互的なものであり、ケアされる者が能動性をもつことを指摘しています[7]。保育における養護においても、子どもの能動性は重要な役割を果たしています。「教育は子どもが課題に取り組むこと、養護は保育者が子どものためにすること」のような二分化はできないわけです。「生命の保持」や生活面での援助では、保育者が一人ひとりの子どものニーズにこまやかに気づくことが必要ですが、それを可能にしているのは、その子がニーズを表現する能動性です。授乳やおむつ交換といった生命の維持に直結する行為はもちろん、例えば鼻を拭いてあげるといったささやかな行為でさえ、決して機械的にできることではありません。言葉の次元を超えて、一瞬一瞬のうちに保育者と子どもが互いに調節し合う、相互的なやりとりがなされています。そうして子ど

もが満ち足りた表情を見せるときには、保育者の心にも喜びが生まれます。「情緒の安定」も信頼関係も、保育者からの働きかけとともに、子どもの力を得て築かれていくのです。[8)]

# 3●保育者の省察

## 3-1　省察的実践の概念

　D・A・ショーンによる「省察的実践論」は、幅広い実践分野、特に教育・保育の専門性をよく表すものとして注目されています。日本においてはこれとは別に、津守眞が自らの思想を「省察」を通して語ってきました。

　ショーンは実践者の専門性をどう考えるかについて、「技術的合理性（technical rationality）」のモデルと、「省察的実践者（reflective practitioner）」のモデルがあるといいます。技術的合理性のモデルでは、依拠すべき理論は実践者自身ではなく、別の世界にいる研究者たちによってつくられており、実践者の役割はその理論を実践に適用することとされます。これは理論と実践の乖離を前提とする古いモデルであり、しばしば現実との間に齟齬をきたします。対して省察的実践者のモデルでは、実践者は変わりゆく状況と対話しながら、それに応じて自らの枠組みを変えていき、理論と実践は有機的なつながりの中で深められることになります。この省察的実践論は多様な領域に影響を与えましたが、とりわけ教育・保育のように生きた人間を対象とする専門職の共感を呼んできました。なお、この概念は「省察的実践者」とも「反省的実践家」とも訳されていますが、「反省」の語が一般的に過去への悔恨の意味合いを含むのに対して、ショーンのモデルはむしろ事態への理解を深めるものであることから、ここでは「省察的実践者」の方を用います。[9)]

　このモデルはいわゆる「反省」とは異なるといいましたが、「ＰＤＣＡサイクル」とも異なっています。すでにふれてきたように、保育の中では事前の計画にはない思いがけない出来事もしばしば起こるものであり、子どもたちは大人の予測を超えた成長を見せてくれます。保育の計画は、予想外の出

来事や、子どもたちから生まれてくるものを取り入れられる柔軟性をもつ必要があるのです。[10]　したがって計画が達成できたかをチェックすることよりも、計画以上のものが生まれてくることに意味を見出すことが重要です。

　こうした予想外の出来事への応答は、ショーンのいう「行為の中の省察（reflection-in-action）」によってなされます。実践者は実践の最中にも、自らの実践のあり方についての理解を深め、問題を捉える新たな枠組みを試行錯誤していくというのです。しばしばそのきっかけとなるのは「驚き」だといいます。いつもと同じ実践を続けられるときには、自らのあり方への省察は生まれません。驚きに出会うとき、実践者は既存の枠組みを超えるあり方を模索し始めます。[11]　一方ＰＤＣＡサイクルでは、計画と現実のずれが生じても、しばしば計画の見直しに時間がかかったり、現場からは計画を生み出した基本的発想を変えられないなど、実践者の創意を生かしにくいことがあります。

　ショーンのいう省察は、単なる実施方法の手直しや計画の修正にとどまらず、問題の立て方そのものを問い直す次元を含むところに特徴があります。こうした問い直しは、ひとつには記録を通しての話し合いによって促されますが、「行為の中の省察」として、いま、子どもたちと出会っている瞬間にも深められています。記録をもとにした省察も、出会いの瞬間になされる省察も、明日の子どもたちと出会う際に生かされてこそ意味があるといえるでしょう。

　このように、省察的実践論では実践を問い直すための手がかりとなる概念が提示されています。実践に関する理論ですので、知的な議論としてだけでなく、自分の中の実践感覚と照らし合わせながら読むことで、保育実践のための洞察を得ることができるでしょう。

## 3-2　津守眞の省察概念

　津守眞は、保育の場で自ら子どもたちと深く関わり始めた1970年代以降、「省察」の概念を用いるようになっています。それはショーンの著作以前から、ショーンとは別の形で独自に深められてきた概念です。彼は保育が終わった後、その日を振り返って考える時間を大切にしていましたが、保育者と

しての経験を重ねる中で、実践中の省察が保育を充実したものにすることも述べています。彼は自らの省察概念について次のように説明しています。

> 実践は、一回限りの、不可逆なできごとであるが、反省によって、人はそのことを道徳規準に照らして評価するのではなく、まして、後悔し残念に思うのではなく、体験として、ほとんど無意識の中にとらえられている体感の認識に何度も立ち返り、そのことの意味を問うのである。（中略）その精神作業は、反省に考察を加えること、すなわち、省察である。
>
> 　省察は、保育者の自由な精神作業である。自分に感じられたイメージにしたがって、それに形を与えていくとき、最初の知覚とは違った新たな側面を発見する。あるいは、自身の子どものころの記憶に類似の行為を発見すると、親しみの共感をもって子どもの内的世界に近づくこともある。他人の類似の体験を見出すと、より広い世界へと開放される。保育者の個性に応じて、その精神作業は多様であるが、それは保育者の楽しみのひとつである。[12]

　津守眞における省察は、保育の体験から意味を見出していく作業です。意識的な考察だけでなく、無意識的な側面を含めた体験の全体を捉えようとする姿勢が示されています。既知の枠組みに位置付けるのではなく、それを超えるものにふれるからこそ新たな発見が生まれてきます。

　省察は自由な精神作業であり、保育者にとっての楽しみだと述べられている通り、津守の省察はいわゆる「反省」とは異なることがわかります。子どもの内的体験を理解する試みは、保育者自身の内的体験を通してなされます。そこから子どもと自分自身との間に共通性を見出すとき、体験は個人に閉ざされたものではなく、世界に開かれたものになります。津守は「私的体験から普遍に向けて」[13]保育体験の理解を深めました。省察は協働する保育者たちの間で語り合われ、保育のコミュニティをつなぐ力となります。また、津守が保育体験から得た洞察は、保育への理解、さらには人間への理解を深める

ものとして広く共感を呼んできました。

　　　子どもの世界の理解には、研究者として子どもの外部に立っているので
　　は不十分になる。子どもの生活に参与して、子どもに直接応答すること、
　　またこの際、子どもとの関係において自分をさまざまに変化させること
　　によって、一層子どもの世界を理解するようになるだろう。自分を変化
　　させるというのは、実生活においては、ことばづかいや行動の仕方とい
　　うような技術面だけのことではない。自分自身の小さな行為も、自分の
　　人生の一部であって、その根は深い。小さな行為を変えるのにも、考え
　　方の根底から考え直さなければならないこともある。そこに、自らの行
　　為の省察という人間学的課題が生まれる。[14]

　ここで津守は、子どもを理解するには、その子と関わる中で自分自身が変
化しなければならないと述べています。自分の枠組みを超えて相手を受けと
めるということが、保育者には求められるでしょう。この点はショーンの省
察論にもつながるところですが、津守の省察は保育者の人格的次元での変容
にもつながる深さをもっているといえます。[15]

## 3-3　省察がもたらす変容

### ①関係性の変容

　省察は相手との関係の中で深められる相互的な過程だと考えられます。

　ショーンは省察的実践者モデルが、実践者とクライエントとの関係性も変
容させると論じています。古い技術的合理性モデルは、専門家が知識と権威
をもってクライエントに指示を与え、クライエントはそれに依存する一方的
な関係性によって特徴付けられます。これに対して省察的実践者モデルでは、
実践者とクライエントは正解のない不確実な状況と向き合いながら、共同の
探究者として問題の意味や新たな枠組みを発見していきます。実践者はもは
や、自分の権威を保つために確信をもっているふりをする必要はなく、クラ
イエントとともに自由な探究の意義を感じ、楽しむことができます。[16]

ここでは相互的な観点に基づく新しい「専門家」観が示されています。このモデルをとるとき、保育者は共同の探究者としてともに取り組む関係を、保育者同士でも、保護者や連携機関とも築いていくことができます。保育の場は、協働して省察を深めていくコミュニティと捉えられるでしょう。

　保育者が最も直接に出会うクライエントは、目の前にいる子どもたちです。保育者と子どもたちの関係も、省察によって深まるものと捉えられます。一方的に教え込むのではなく、一緒に状況に向き合い考える中で新たな発見をし、それを互いの成長につなげられるのです。

　さらに、子どもはすぐれて省察的な対話者だといえます。自分の殻を破って成長するという点では、子どもは大人よりもはるかに柔軟です。状況と対話するには応答性が必要ですが、子どもほど応答性の高い存在もいないでしょう。保育者の応答性は、保育者一人の力によってではなく、子どもたち自身の応答性に促されて生まれるものです。

②保育者としての枠組みの変容

　保育者の省察にとって重要なのは、自らの枠組みや先入観を超えていくことです。それは津守のような人格的な次元での再考を要するだけに、保育者の心に抵抗が生まれることもあります。心理療法の世界ではこれを「逆転移」と呼んでいますが、心で関わる関係の中で自分自身を振り返るのは、重要かつ難しい問題です。

　そうした深い次元での省察を可能にするのは、子どもたちからのフィードバックです。子どもが自分らしくいられない保育環境をつくってしまっていたとしたら、その子は例えばおもちゃを散らかすことで、「この場にあるどんなものを使っても自分らしい表現はできない」という思いを訴えるかもしれません。子どもたちの姿は、保育者への応答であり、保育のあり方を映し出す鏡でもあります。そう捉えると、一日の保育の中で、子どもたちは多くのことを私たちに問いかけていると考えられます。

　子どもたちが100の言葉を語るなら、保育者の省察も100通りになされうるし、どんな言葉も大切に受けとめられるべきものだといえるでしょう。た

だその中でも、何よりも真摯に受けとめなければならないのは、子どもたちからの問いかけです。さまざまな振り返りや話し合いがなされるにしても、今日、子どもが本当に求めているものは何だったかが、根本的な関心となるはずです。

　子どもたちのメッセージを受けとめて、保育者が自分の枠組みを根本的に考えることができるなら、その変化に必ず子どもたちは応答してくれるでしょう。省察を通して、保育は変わっていきます。そんな体験をともにするとき、子どもも自分らしく成長し、保育者も自らのあり方を深めることができます。子どもたちとともに成長する体験を重ねていく中で、保育者は人間への信頼を実感し、保育者としてのアイデンティティを深めていくことができるでしょう。

＊　　＊　　＊　　＊

**注**
1 ）厚生労働省編『保育所保育指針解説』フレーベル館、2018、p.15
2 ）同上、p.16
3 ）Pam Jarvis, Louise Swiniarski&Wendy Holland, *Early Years Pioneers in Context: Their Lives, Lasting Influence and Impact on Practice Today*, Abingdon: Routledge, 2017.
4 ）佐藤 学『学び その死と再生』太郎次郎社、1995
5 ）前掲 1 ）、p.16
6 ）鯨岡 峻「「養護」と「教育」という概念を吟味する」『教育と医学』57（9）、2009、pp.57-58
7 ）ネル・ノディングズ／佐藤 学監訳『学校におけるケアの挑戦—もう一つの教育を求めて』ゆみる出版、2007
8 ）伊藤美保子・西 隆太朗『写真で描く乳児保育の実践—子どもの世界を見つめて』ミネルヴァ書房、2020
　　養護と教育の一体性とその相互的な展開について、事例を挙げながら詳述しています。
9 ）ドナルド・A・ショーン／柳沢昌一・三輪建二監訳『省察的実践とは何か—

プロフェッショナルの行為と思考』鳳書房、2007

訳語の問題についても詳しい解説が加えられています。

10）前掲8）。子どもたちの主体性を生かすことのできる計画のあり方について
論じています。

11）前掲9）

12）津守 真『保育の体験と思索―子どもの世界の探究』大日本図書、1980 、
pp.9−10

13）津守 真『保育者の地平―私的体験から普遍に向けて』ミネルヴァ書房、
1997

14）津守 真『子どもの世界をどうみるか―行為とその意味』日本放送出版協会、
1987 、p.203

15）津守眞の省察概念については、西 隆太朗『子どもと出会う保育学―思想と
実践の融合をめざして』ミネルヴァ書房、2018に詳しく論じられています。

16）前掲9）

17）逆転移について実際的に解説したものとして、河合隼雄『カウンセリングの
実際』岩波書店、2009があります。

### 演習課題

**1**全国保育士会倫理綱領（https://www.z-hoikushikai.com/about/kouryou/index.html）を読み、保育者の倫理という観点から、自分がどのようなあり方を目指すか考えてみましょう。

**2**保育における省察に関連して、これまで子どもと出会ってきた中で心に残っている場面を振り返り、そこにどんな意味が見出せるか、改めて考えてみましょう。そうした場面が思い浮かばない場合は、児童文学の中に描かれた子どもの姿を取り上げてもかまいません。

# 第4章

# 保育者に
# 求められる基礎力

　保育者は、子どもが「健やかに生活する」「身近な人と心を通じ合わせる」「身近な環境を感じ取り、周りの世界を知っていく」ことを支え、促し、広げています。子どもと関わりながら育てる人としての子ども理解、向き合い方、生活態度が求められます。また、成長過程にある子どもの外界への興味・関心や行動に合わせた適切な環境の選択、構成についての基礎知識が必要です。

## 1●「子どものいま」の理解と受容

### 1−1　目前の姿を受けとめる

　保育者の子ども理解の専門的特徴はどこにあるのでしょうか。科学の世界では事象の因果関係を追究し、法則性を明らかにしようとします。それに対して保育実践における子ども理解は、法則性ではなく、まず子どもにとっての物事や出来事の意味を捉えることが中心になります。保育者は子どもと生活をともにしながら、自立に向かって自ら育とう、自分を広げようとするそのときの子どもを支えますから、子どもの内側に即しながら対応することが求められます。岡本夏木は次のように述べています。

幼児期において子どもが「世界」を「人間」を、そして「自分自身」をどうつかみ、それらをどういうものとして意味づけるか、それは、子どもがその後の自分の生き方の基礎をどうつかむかの問題に他なりません[1]。

　子どもの言葉や行動を、何かの原因の結果として説明する前に、あるいは大人による善い悪いの基準に照らす前に、その子にとっての状況の意味を察知し、子どもが自分や他者や世界を受け入れ、積極的に関わりながら自立しようとする状況をつくることが生きる力を培う出発点になります。例えば子どもがケンカをして泣いたとき、「ケンカで泣いたのは気が弱いから」「自分の言い分が通らなかったから」というように理由や原因の判断よりも、泣いているときの気持ちや、新しいことに挑もうとしての試行錯誤など、その子の思いに目を向けて感じ取ることです。保育者は心を開いて子どもと一緒に動き、やりとりをしながら、子どもが身体全体で表していることを理解していきます。そうした関わり合いの中で、子どもは安心してありのままを表すことができるのです。

　客観的理解の方法として、共通の尺度を用いた発達検査などもあります。検査結果はその子を理解するために役立てられますが、その時々の子どもの実態は、その場での姿の中に見出されます。子ども一般や子どもの個性についての知識や情報は子ども理解の一助として、まずは自分で子どもの細かな行動や言葉を捉えることが大切です。子どもの自己表現は状況や相手によって、また、経験の積み重ねによって変化していきます。一人の子どものさま

ざまな姿を結びつけながら、その子を理解し、成長の過程を発見し続けることが保育者の見方です。こうした点から、保育においては記録や子どもについての保育者同士の情報交換が重要になります。

## 1－2　多角的視点・包括的視点で子どもを捉える

　保育者は子どもの生活に丸ごと関わっています。常に、子どもを取り巻く状況を含めて読み取る姿勢が大切です。子どもはさまざまな要因のつながりによって行動しています。やりたいこととできること、わかっていることと感情、自分の主張と他の子どもや保育者とのぶつかり合いの葛藤など、さまざまなことが絡み合い、子どもの活動に影響するのです。例えば子どもがなかなか遊びに入らないとき、いつもの友だちがいないことによる場合も、風邪気味で気分がすぐれない場合も、遊びの先が思いつかない場合もあります。皆でする活動に参加したがらないとき、自分の好きな遊びをもっと続けたかった場合も、並んだ場所が気に入らない場合も、その活動に苦手意識をもっている場合もあります。子ども自身は言葉に出せないことも少なくありません。さらに、その場の要因に限らず、家庭での出来事などの遠因も背景にあります。

　保育者は、保育者としての意図や子どもへの期待と、多角的な視点による子ども理解を基にして実践にあたります。子どもの行動や状態の理解とその対応の際に、対象児および周囲の関係、時間的経過、状況の展開などを総合的に判断することが保育者の専門性といえます。その場では気づかないことがありますから、保育の振り返り、省察を繰り返すことによって子ども理解や援助の方向性がより適切になっていきます。

## 1－3　表に出ない思いを共有し応答する

　幼稚園教育要領では、保育は「環境を通して」行うとされています。保育者も人的環境として位置付けられますが、保育者は子どもの外側にいるのではなく、内側に深く結びついています。保育者は明確な言葉や行動に表さなくても、何らかの形で子どもに応答しています。子どもの動きを受けとめつつ、「自分は子どもにどうしたらよいか」という思いを常にもって動いているのです。子どももまた、多かれ少なかれ保育者への思いをもっています。保育者は子どもが離れた場所で遊んでいても、見えない糸でつながっている

かのように遊びが滞りそうなタイミングで見に行ったり、熱心に遊んでいた子どもが保育者の方を見ただけで「一緒にしましょうか?」と応えたりしています。こういった援助はすべて、子どもの思いを読み取ってのことです。

　子どもの遊びを育てるためには、育てる側の想像力が欠かせません。子どもの心の動きや行動を予測しながら場面の設定や自分の関わりを決めていくためには、子どもへの共感に基づいた想像力が必要になります。遊びの展開を助ける関わりにおいては、子どもの思いがけない発想や願いに気づくことと、保育者の中で生まれる遊びのイメージが大切です。保育者自身も遊びの世界に入り子どもとともに楽しみながら、子どもからの要求に応えたり、不足を補ったり、ときにはアイディアを言葉や行動で出してみます。子どもが保育者の提案や援助を自分なりに自由に取り入れるのは、保育者との信頼関係を基盤にしています。

# 2 ● 心身の安全管理と安全基地

## 2−1　養護(ケア)の心を根底にもつ

　子どもも保護者も、保育の場が子どもにとって最も安全な場所であることを前提としています。保育の場を構成する物の材質や配置の安全性、保健衛生への配慮などはもとより、さらに重要なのは、人的環境としての保育者が子どもにとって安心できる存在であることです。子どもはその場や人に安心して身を委ね、安定していられることによって自立が促され、好奇心の充足、探索や学習が可能になります。

　保育の質評価基準(NICHD:アメリカ国立小児保健・人間発達研究所)に、「ポジティブな態度や働きかけ」「子どもとのやりとりが否定的なものにならないような努力」などの項目があります[2]。これは、保育者が子どものありのままを尊重し、養護する姿勢を基本とすることを示しています。子どもの生理的な充足のための食事や排泄などの世話から、主体的な生活や遊び、学びの機会の保障に至るまで、その根底は人権尊重の精神によります。

　また、子どもにとっての安全基地になるためには保育者自身の心身の安定が不可欠であり、そこから分け隔てのない子どもへの対応が可能になります。公平性・倫理観を基にして子どもに向き合うことで、子どももまた保育者の思いを受け入れ、相互の関係が築かれていきます。

## 2-2　生活の仕方の基本を示す

　園生活の中で子どもは保育者の言動にふれ、共振したり同調したりしながら、行動の仕方や価値観を取り入れていきます。保育者の動きや物の取り扱い、言葉遣いなどといった生活行動が子どもにとっての手本となり、生活の仕方の基礎をつくっています。動作、言葉遣い、挨拶の仕方、物の扱い方、整理の仕方などの具体的な振る舞いから、相手への気配りや道徳性など、人としてのあり方までもが子どもの中に取り込まれます。保育者は担任だけではありませんから、園全体の雰囲気や保育者同士のやりとりなどが子どもに与える影響も大きいのです。「大人が一生懸命やっていると、不思議なことに子どもたちもきちんとやるんですよ」「保育者の行動が子どもたちにうつるのです」とは、長年現場に携わってきた保育者の言葉です。

# 3●子どもの発達の道筋と個別性の理解

## 3-1　子どもの身体と生理

　保育の場における子ども理解や対応には、子どもの心身の発達に関する知識が不可欠です。子どもは発達が未分化であるほど身体的・生理的な充足が重要なため、保育者は、子どもの生理や身体機能、視覚・聴覚などの感覚機能について理解し、身体の状態に敏感でなくてはなりません。顔色や動きから健康状態を把握して配慮するためには、子どもの身体の働きの基礎知識を得ておくことです。例えば、体温や排泄の間隔や食事の量、水分摂取の様子などから休息の調節などを図ります。子どもがはっきりと表さなくても、「そろそろ…」「そこまでは…」「もう少し…」などと、子どもの状態を推し

量って関わることが、健康維持と同時に子ども自身の自己管理、自己コントロールにつながります。保護者への助言や支援のためにも、子どもの生理的・身体的な特徴を理解しておくことが必要です。[3]

## 3−2　心身の発達の道筋を知る

　子どもは育ちつつある力や機能を発揮する経験を通して発達を遂げていきます。環境設定は、子どもの動き方、興味・関心の範囲や持続時間などから、発達の状態を踏まえて行うことが基本です。

　発達の様相は主に遊びの姿や、生活習慣の自立の仕方に表れます。同じような場面でも、子どもがどこまでできるようになっているかによって援助の仕方が変わります。「なぜそれに興味があるのか、なぜそうするのか」などと、その子を理解しようとする際に、発達状態に照らして考えてみます。その過程の中で今後の見通しの手がかりを見つけていくのです。例えば、運動機能については粗大運動から微細運動へ発達が進むという一般的な方向性、手の巧緻性や把握力、動きの敏捷性、平衡性、協応性などを見ながらその状況に応じた環境構成、用具への配慮をします。子ども同士のトラブルへの関与なども、自我の育ちや、「心の理論」として論じられる、人の内面についての理解の特徴などを念頭に置くことが役立ちます。また、子どもの認知面の発達はある領域によって理解度に差があるとされています（領域固有性）。特定の領域の発達が著しいときはそれを大切にするとともに、偏りが強い場合などはその状態への理解に基づいて手立てを講じます。特に配慮を必要とする子どもについては園内で検討の上、専門機関との連携を図ります。

### 3-3　個々の経験を理解する

　子どもたちはそれぞれ異なる資質をもち、異なる環境で生活をしています。発達の道筋はおおむね同じでも、興味・関心の方向性や必要とする援助は、子どものこれまでの経験（家庭での生活スタイル、遊びの経験など）によって一人ひとり異なります。異文化の子どもなどが典型的な例ですが、各家庭の生活習慣や人間関係は多様化していますから、一人ひとりが固有の経験を経ていることを念頭に置きます。保育の場では、子どもの標準的な興味・関心を集団全体に直接あてはめず、少数の子ども、一人の子どもの能力や興味それぞれが生かされるような環境構成や活動の展開を想定します。

# 4●相互性による集団生活

## 4-1　個が受け入れられる関係づくり

　保育の場で、子どもたちは仲間同士でやりとりをし、影響し合いながら育ちます。子どもたちは園生活の中で、同調や対立、共同や競争、集団のルールへの適応や集団目標をもつことなどを経験し、対人関係能力など将来につながる社会性が育つことが期待されています。乳幼児期は、まず一人ひとりが受け入れられ自己発揮できることによって、周囲への関心、自他の認識が育ち、個と集団との安定した関係が形成されます。一人ひとりが尊重されて初めて、互いを認め合う、相手のために自分を抑える、皆と一緒にできて嬉しいと感じるなどといった内面の広がりにつながっていくのです。互いに自分を出し合い、助け合い、影響し合って自立的な集団活動へと進めるようになります。そうした経験には保育者の意図的な援助が不可欠です。保育者はどの子どもも意味のある体験を積み重ねることができるように、一人ひとりの思いや行動が否定されない、どの子も集団の中に位置付くような視点で活動が展開するように関わります。子ども同士の関係が育つような、媒介的な役割や状況を変える機転、行動力などを必要とします。

## 4-2　多様な子ども同士の生活

　子どもたちは同年齢でも個性や発達のペースが異なりますし、発達の違いが大きい子ども同士の関わり合いから生まれる経験を期待して異年齢、縦割りでのクラス編成をする園もあります。一人ひとりの遊びの興味・関心、生活習慣の自立の度合いが違いますが、どの子どもの状態も認められ子ども同士が影響し合い、支え合いながらともに育つ集団としての生活の円滑な展開が目指されます。

　さまざまな子どもたちが一緒に活動していますから、その組み合わせによって、生まれる遊びや生活の仕方が変わります。どのようなクラス編成でも、一人ひとりの存在を生かす配慮のもとに保育が進められることが子どもにとって大きな学びになっています。保育者の援助は、一見、偏った関わりや見守りのように見える場合がありますが、個人の状態と集団の状態との関係から総合的な判断をしています。複数の保育者がいる場合はお互いの動きを見ながら連携をとります。こうした状況からも、以下に述べるように保育の進め方について話し合い、意見を共有することが大切です。

## 4-3　保育者間の視点の共有・協同

　保育の場は、保育者同士が協力しながらその場を構成し、多様な子どもたちの充実した生活を保障しています。保育者個々の役割が明確である場合も、同じ役割を分担している場合もあります。保育者相互の動きや子どものニーズを読み取って、自分が最も必要とされるところに関わるのが保育者です。例えば主担任、副担任と役割がある場合、集団全体への目配りをしてその日のねらいを念頭に子どもと関わる主担任に対して、副担任は主担任の意図を理解しながら、子どもの個々の細かなニーズに対応したり環境を整えたりするといった援助が多くなります。低年齢児のクラスなどでは主な担当児を決めて保育にあたったり、長時間保育では担当を引き継いだりすることもあります。

　保育者の役割に軽重はありません。いずれの場合もクラス全体として、ま

た子ども一人ひとりにとって矛盾や齟齬なく保育を進めるために、保育者同士の意思疎通がきわめて重要です。常に助け合う関係で動くために、子どもの視点を中心に、他の保育者の視点を受けとめることが求められます。

# 5●子どものための環境構成（時間と空間）

## 5−1　安定した一日をつくる

　生活は毎日続いていくものですから、安定したリズムとルールが大切です。保育の場では長期・短期の計画を立てて、子どもの発達状態、施設への適応状況、家庭生活とのつながりの中で柔軟に対応していきます。毎日がある程度決まったリズムとルールで展開することによって、子どもは心身ともに安定し、見通しをもって主体的に行動するようになります。園が「自分の生活の場」として定着することで、自己発揮ができるようになっていきます。

　一方で、生活の枠組みが子どもの自発的な意欲を抑圧することのないように、個々の子どもの要求や遊びの盛り上がり、偶発的な出来事などへの柔軟な対応も大切です。基本的な生活の流れが身についていて、応用しても崩れないという見通しや、そのときの子どもの体験の意義など、保育者の総合的な判断が重要です。物や場所についても、子どもの発想によって生活用具を遊びに使う、生活の場を遊びの場にする、またその逆の場面が生じます。保育者としては突出した出来事の意義とともに、継続性・安全性など生活全般についての総合的な判断のもとに保育を進めます。

## 5−2　遊びの発展の視点から環境を捉える

　子どもの生活の中心は遊びであり、「遊びを通しての指導」が幼児期の教育とされています。子どもの年齢、集団の規模、施設の条件や物的環境などの違いがありますが、保育の場は、子どもが遊びによって育つ場であるという点が共通しています。個々の遊びの発想が生まれ、展開できるか、子ども同士が一緒でも別々でも、継続しても短時間でも遊べるか、遊具や材料が適

切に配置されているかなど、子どもの目線で自然環境も含めて室内外の環境を捉え、子どもが自ら遊べる場所としてどう整備するかを考えます。そのためには、年齢・発達にふさわしいさまざまな遊びの種類、大型遊具、固定遊具、移動遊具や玩具などの機能と子ども自身の興味、見立てや模倣の可能性、さらに保育者として子どもに期待する経験や活動などを統合しながら、場の構成をしていきます。

保育環境は長期的にも短期的にも、保育者と子どもが一緒になってつくり上げていきますから、子どもの活動理解とともに、遊びに対する保育者のイメージの豊かさが大きく影響します。

## 5−3　子どもの生活と社会環境・自然環境をつなげる

子どもは身近な自然環境と社会環境を基盤として育っています。日々変化する天候や気温、草木や生き物の様子にふれ、家庭では子どものための遊具や絵本、生活用具の他、メディアを通した映像などにもふれています。また、社会環境として、地域に受け継がれてきた生活文化、家庭で営まれなくなった伝統行事や子ども文化があります。それらを園行事や遊びの中で再現・伝承していくことも保育者の役割となっています。

古くから受け継がれてきた祭りや祝い事、季節ごとの飾り物などには、自然や祖先への思い、子どもの将来への祈りなどが込められています。そのような行事や遊びを通して、文化の本質にふれることができます。過去からつながってきた命であり、健やかな育ちを願われる存在としての自分を感じる経験にもなります。

実践例としては、家庭や地域で体験しにくいことを無理なく保育に取り入れて子どもの経験の幅を広げる、園行事などを地域に開いて、大人と子どもが体験を共有する機会をつくるなどが挙げられます。子どもの生活がよって立つ身近な自然や地域の

暮らし方へ関心をもつこと、それらと園生活の往還を試みることで、実践を深めていくことができます。

# 6●子どもの主体性と保育のねらい

## 6-1　保育における計画性

　保育者は、保育の全体的な計画、教育課程のもとに指導計画を作成して、計画的に実践にあたります。その実践は保育者のねらい（教育的意図）に基づいて展開されますが、具体的な活動は遊びが中心であり、子ども主体となります。系統的カリキュラムのある小学校以上の学校とは異なり、子どもの興味・関心に基づく遊びの中に、保育者が期待する学びや経験が織り込まれている形です。例えば、文字や数への関心や必要に応じた活用は、製作活動やごっこ遊びが展開する中で自然に現れてきます。遊びの展開は環境との活発な相互作用、子どもの旺盛な好奇心や探究心によりますから、子どもの心身の発達に伴って、取り入れたいこと、試したいこと、表したいことの内容が徐々に複雑に、また現実的になります。子どもの遊びの要求の中に学びたいこと、実現したいことの芽を読み取って応答・援助し、環境構成をしていくことが基本です。

　幼児期の学びは、生活や遊びの中で、子ども自身が必要だと感じたことを通して行われます。小学校では、そのような幼児期の学びをよりどころにして系統的な学びへとつなげていきます。例えば文字に興味をもつきっかけは自分や友だちの名前の文字であったり、数字への興味のきっかけはお店屋さんごっこのお金であったりします。そうした自分の生活感覚で学びを広げることが幼児期の教育で、小学校以上で習う概念と直接つなげて教えることではありません。[4] 保育者の教育的意図は、子どもの興味・関心を促し広げる環境づくりと、子どもの探究心や表現意欲を支え、その実現に向かう活動の共同的な作業の中に込められます。保育者のねらいが、子どもが実現しようと願っていることに重なるよう、法令などで明文化されている保育のねらい

や内容の意味を内面化していることが大切です。そうした観点に立って、子どもの状態や活動を長期的に見通した指導計画、および日々の状態から予測する短期の具体的な指導計画を立てる必要があります。また、子どもが取り組んでいることの中から見通しを立てて準備や助言ができるよう、保育者自身が、遊びの経験や素材についての知識を豊富にもっておくことが求められるでしょう。

## 6−2　保育教材の知識と創意工夫、表現する力

　子どもの遊びは、物や人など、子どもを取り巻く環境とともに展開し、環境との関わりの中で子どもは学習を重ねます。よりよい環境を構成するために、保育者は乳幼児期にふさわしい遊びや適切な素材を知っていることが求められます。泥団子がうまくまとまらず、どろどろになって収拾がつかないとき、ままごとの料理を手近なブロックで済ませているために遊びが続かないときなど、「こんなふうにもできますよ」と少し手を貸すことで子ども自身も考え、遊びが続いていきます。散歩のとき気持ちがよくなって皆で歌を口ずさみたくなるとき、保育者がそれとなく歌う歌が子どもに広がります。絵を描いたり好きなものを作ったりするとき、素材の種類・性質をよく知っておくことで、子どもの目的に合い、経験としても適切な材料の選択をすることができます。

　子どもの遊びは子どもの生活の中から生まれたものが基本です。子どもの遊び（ゲーム、運動、言葉、造形、音楽、ごっこ、伝承遊びなど）に関する知識は、一方的に提案・誘導するためではなく、子ども自らの遊びを共有し、それを豊かにしていく方法として身につけておくものです。子どもにこういった活動を、こういった経験を促したいという視点が保育者には必要ですが、それ以前に、保育者自身が子どもの文化や遊びに親近感をもち、楽しさを実感し、より豊かに子どもと共有しようする思いが原点となるでしょう。

　保育者は子どもと一緒に動きながら、話し歌いながら、作りながら、子どもの豊かな感性を育てています。子どもは、保育者の動き、言葉や歌、作るもの、作り方などを手がかりとして自分のものを創り出しているのです。保

育者の養成課程における実技の学びを基礎として、自分自身の感性や表現力を深めることは子どもを育てる実践家としての責務ともいえます。

＊　　＊　　＊　　＊

**注**

1）岡本夏木『幼児期―子どもは世界をどうつかむか』岩波書店、2005、p.2

2）日本子ども学会編／菅原ますみ・松本聡子訳『保育の質と子どもの発達 アメリカ国立小児保健・人間発達研究所の長期追跡研究から』赤ちゃんとママ社、2009

3）子どもの保健については、中根淳子・佐藤直子編著『子どもの保健』ななみ書房、2019などを参照。なお、虐待の予防的支援・早期発見のためにも子どもの心身の観察は重要です。

4）清水益治・森 敏昭編著『０歳〜12歳児の発達と学び―保幼小の連携と接続に向けて』北大路書房、2013、pp.80-86

---

**演習課題**

**1** 幼少期に、自分の気持ちをわかってもらえた、大切にしてもらえたと感じたときの状況や、当時の思いについて振り返ってみましょう。

**2** 自分の生活習慣のうち、改善したいことを挙げてみましょう。改善のための具体的な計画も立ててください。

**3** 子どもとともに歌いたい歌や話したい物語にどのようなものがあるか挙げてみましょう。友だち同士で交換し合ってレパートリーを広げてください。

# 第5章

# 保育の場の実際

## 1 ● 保育者の一日の生活

　保育の場では多くの人が相互に連携し、支え合いながら実践にあたっています。本章では一日の保育の展開に伴う保育者の役割の担い方、園全体への配慮の例を通して現場理解を進めます。

　わが国の現在の保育制度においては、保育者１、２名による少人数保育（家庭的保育など）から、年齢幅・保育時間帯もさまざまな多人数保育（幼保連携型認定こども園など）まで多様です[1]。多くの施設保育では職員がチームとして動いているので、その時々の自分の役割の自覚と、個々の子ども、集団の状況、他の保育者の動きを把握しながら主体的に状況判断をして行動することが求められます。保育は限られた人的・物的・時間的環境の中で、またある程度決まったルーティンによって展開します。保育者は現実的な条件のもとで、子ども個々の生活や遊びのリズムを尊重し、そのニーズに応え、育ちを支えられるよう工夫しています。

　子どもたちは保育者と直接触れ合うとともに、周りの人同士の関係の影響も受けます。子どもと向き合うときに限らず、子ども同士や保育者・子どもの関係、状況を受けとめて、子どもにとってよい体験になるように間接的な支援をすることも保育者の役割です。その立場・役割は一定期間同じである

76

場合も、数日単位のローテーションで変わる場合も、毎日異なる場合もあります。また多くの場合、限られた時間で園内外の環境を管理・整備する必要があるため、補助に入る保育者・職員が下支えをします。各園は環境条件に応じた管理運営の方法を定め、全員が保育の目標を共有して子どもの安心・安全、主体的な遊びの生活を保障できるように協力体制をつくっています。

　日常の保育場面では、子どもの体調の急変、職員の不都合や天候の変化など、決められた役割分担とは違う臨機応変の動きが必要になることも少なくありません。子どもの個性や家庭環境、援助の方法などの共通理解と、保育者間のコミュニケーションが不可欠です。

# 2●保育者の一日の職務と保育者の配慮

## 2-1　時差勤務の必要性

　保育者の配置は法令で最低基準が定められています。[2]しかし現在は、保育時間の延長や保護者のニーズの多様化などを背景に、より多くの保育者が必要とされ、保育者の勤務条件を満たすようクラス編成や役割分担の工夫が求められています。表5-1は社会福祉法人立保育所、表5-2は幼稚園型認定こども園の勤務形態の一例です。出勤時の保育の展開次第で保育者としての一日の始まり方や心構えが異なりますが、日々の積み重ねを基に、積極的に状況判断をして心を通わせていきます。

　乳幼児期の生活は特定の大人との安定した愛着関係・信頼関係が基になりますから、子どもが安心できる保育者間の意思疎通や協力体制がきわめて重要です。一方で、複数の保育者がいること、つまり、子どもに対する見方や関わり方が多様であることが豊かな人的環境ともなり得ます。実践においては、特定の保育者への依存や甘えも受けとめる、子どもの特性やその日の様子を伝え合う、子どもから保育者へ向けた発信に敏感に応じる、すぐにそばへ行けなくても声をかけたり合図を送ったりするなど、こまやかな気配りが求められます。

表5-1　保育者の一日の職務（保育所・1歳児クラスの例）

| 時間 | A（7:15~16:15） | B（8:30~17:30） | C（11:15~20:15） |
|---|---|---|---|
| 7:15<br>早朝保育 | **A出勤**<br>○早朝保育児の受け入れ・保護者対応・連絡帳に目を通す<br>●保育室の環境整備 | | |
| 8:30<br>平常保育 | ○順次登園児の受け入れ、視診<br>○遊びの場を整え、遊びの援助<br>○連絡帳に目を通す | **B出勤**<br>●A先生からの連絡確認<br>●おやつの準備 | |
| 9:30<br>朝のおやつ | ○手洗いなど、おやつへの誘導<br>○おやつの援助<br>○外遊びへの誘導 | ○おやつの援助（おしぼり使用など）<br>●おやつの片付け<br>●外遊びの準備（靴・帽子の点検など） | |
| 10:00<br>遊び | ○外遊びの援助（一人ひとりの遊びを大切に、できるようになったこと、やりたいことに着目） | ○室内に残る子どもへの対応（その日の子どもの状態に応じる） | |
| 11:30<br>昼食 | ○昼食の準備（手洗い・排泄・着替え）<br>○昼食の援助<br>○食後、午睡の場へ移動 | ○昼食の準備と援助（A先生との連携）<br>●食後の片付け<br>●午睡の準備 | **C出勤**<br>●伝達ノートの点検<br>○食事の援助（A先生・B先生との連携）<br>●食事の片付け |
| 13:00<br>午睡 | ○入眠の援助<br>●午睡チェック表記入<br>●日誌・連絡帳記入 | ○入眠の援助<br>●連絡帳記入 | ○入眠の援助 |
| 14:00<br>クラス打ち合わせ | クラス打ち合わせ | クラス打ち合わせ | クラス打ち合わせ |
| 14:30<br>着替え | ○排泄・着替え・おやつへの誘導 | ○排泄・着替えの援助 | ●おやつの準備 |
| 15:00<br>おやつ | ○おやつの援助 | ○おやつの援助 | ○おやつの援助 |
| 15:30<br>遊び | ○遊びの援助 | ○遊びの援助（好きな場所でゆっくり遊ぶ） | ○排泄・着替えなどの個別の対応 |
| 降園 | 16:15 **A退勤**　**B担当**<br>○遊びの援助<br>○降園児の準備　○保護者対応 | **C担当**<br>●降園児の準備（持ち物の点検） | |
| 17:30<br>延長保育 | 17:30 **B退勤**　**C担当**<br>○延長保育への移動<br>○補食の援助と片付け | | |
| 18:30<br>補食 | ○遊びの援助・排泄・着替えの手伝い<br>○迎えの保護者対応<br>●屋内安全点検 | | |
| 20:00<br>全員降園 | | 20:15 **C退勤** | |

　表5−1の園では、保育者の勤務時間によって主な役割を分けて日々の運営をしています。○は子どもや保護者との直接的なやりとり、●は物や場所の準備など間接的な援助です。間接的な援助を行う保育者が、子どもの様子や子どもと直接関わっている保育者の意図をよく捉えて適切なタイミングとテンポで動くことで、保育が円滑に気持ちよく進みます。保育者の意図や子どもの動き、一日の流れがわかっているからこそできるサポートが含まれます。また、保育者が子どもの遊びを広げようとしていることを見て取った別の保育者が、少し離れたところで一緒にやってみせると、真似をする子どもや、つられてする子どもも出てきて楽しさが伝わります。保育者は「後ろにも目をつけて」といわれますが、気にかけている子どもの状態（泣いている、嫌がるなど）に集中しているとかえって読み取れず、少し離れている保育者がその子が嫌がっていることや欲しいものがわかる場合もあります。活動の経過や集団の全体を見ているからです。役割分担はそれぞれの立ち位置からの子どもへの保育ともいえます。

　保育の場の保育者たちと子どもたちは、大きな家族のようなひとつのまとまりでともに生活しています。その時々で出入りがあったり、離れたり固まったりしますが、子どもにとって園の保育者、職員は同じように大事な人として意識されています。早番の先生が帰っても他の先生が変わりなく見ていてくれる、お世話してくれる、先に帰る友だちがいても他の友だちやおもちゃがあるという安定した居場所となるために、時間的・空間的な節目で隙間ができないようにすること、保育者同士がつながり合っていることが大切です。少し先のことも後々のことも考えて、子どもたちも他の保育者も困ることのないように意識しながら自分の役割を果たすことで、子どもや保護者にとって安心できる保育の場となり、保育者としての視点・力量が磨かれていきます。

## 2−2　保育者の配慮の仕方

　表5−2の幼稚園型認定こども園を例として、保育者の役割による仕事、配慮の違いを考えてみます。

表5-2　保育者の一日の職務（幼稚園型認定こども園・3～5歳児縦割りクラスの例）

| 時間 | A（7:30～16:00） | B（8:00～17:00） | C（9:30～18:30） | 補助（2～3人） |
|---|---|---|---|---|
| 7:30 | ①**A出勤** ●園内開錠、園内換気、留守電解除用件記録／小動物餌やり・掃除<br>○園児受け入れ、視診、連絡帳受け取り、身支度の見守り、援助、室内遊びへの誘導 | | | 7:30 順次出勤、園バス乗車、保育予定の確認、園児の出欠確認、園内消毒、園児の着替えの援助 |
| 8:15<br>～<br>9:45 | ○園児受け入れ、視診、連絡帳受け取り、遊びへの誘導<br>○室内遊びから外遊びへ誘導、遊びの援助<br>○全体集会、体操、マラソン | ②**B出勤** ●園庭点検、遊具点検、砂場の遊具準備<br>●園内放送 園庭遊びへ（総合遊具、集団の遊び、ゲーム）／全体集会、体操、マラソン（園庭） | | 9:30 園庭活動参加 |
| 9:45 | ○室内へ誘導（手洗い、うがい、排泄） | ●片付けの放送<br>●屋外遊具など点検<br>●屋外活動から室内活動への個別援助 | ③**C出勤** ●室内換気、環境設定<br>○特別配慮児への支援 | |
| 10:00 | ④ ○クラス活動または年齢別活動、自主選択活動、散歩、行事関連活動など誘導援助 | ○クラス活動参加、個別援助など | ○クラス活動参加<br>●教材など環境への配慮<br>●他職との連携など | 10:00 園内掃除、教材作成など |
| 11:30 | ⑤ ○片付け（排泄、手洗い、うがい）<br>○昼食の準備誘導<br>○園児と昼食 | ●食事への室内環境構成（テーブルの準備など）<br>○園児と昼食 | ●食事への室内環境構成（テーブルの準備など）<br>●給食の運搬、配膳など<br>○園児と昼食 | 11:30 給食のクラス分け、給食時の個別支援、片付けなど |
| 12:45 | ○食後の片付けの援助<br>○自由な遊びの見守り・援助 | ○食後の片付けの援助<br>○遊びへの参加・援助 | ●室内環境整備、遊びの見守り・援助 | |
| 13:20 | ○帰りの片付け（排泄、帰りの身支度）、預かり保育の確認 | ●集会時の個別配慮 | ●バス乗車に関する援助<br>●園内他職との連携 | 13:30 園内掃除、園バス乗車児の確認、保育補助 |
| 13:45 | ⑥ ○帰りの集会（一日の振り返り、明日の予定の話、帰りの挨拶） | ○集会参加・個別対応<br>●室内の片付け | ○個別対応、外部関連連絡対応 | |
| 14:00 | ⑦ ○迎えの保護者対応、諸連絡など | ○バス待機児の対応、降園・乗車の援助 | ●預かり保育の準備 | 14:00 預かり保育児の一部午睡準備と援助 |
| 14:40 | ●保育室掃除 | ○バス待機児の見守り、降園と準備 | ○預かり保育児保育 | 14:40 預かり保育児おやつの準備と片付けなど（園バス乗車） |
| 14:50 | ⑧本日の日誌記入、明日の保育準備、職員会議（本日の保育の振り返りと明日の保育内容の確認、職員配置確認、その他諸連絡） | ○後発バスの降園援助<br>本日の日誌記入、明日の保育準備、職員会議（本日の保育の振り返りと明日の保育内容の確認、職員配置確認、その他諸連絡） | ○預かり保育児保育<br>●おやつの準備<br>○おやつの援助<br>○自由な遊びまたはグループ活動の援助<br>●保育日誌記入 | 順次退勤 |
| 15:30 | | | | |
| 16:00 | **A退勤** | | | |
| 17:00 | | **B退勤** | | 17:00 連絡事項記録 |
| 18:00 | ⑨ ○預かり保育児降園<br>●園内点検、玄関施錠 | | | |
| 18:30 | **C退勤** | | | |

①Ａ先生は、<u>園の屋内環境、飼育動物への目配りをしてから</u>、自分のクラスの環境構成を確かめて<u>子ども一人ひとりを迎えます</u>。日頃の子どもの様子から遊びへの入り方、好きな遊びや好きな場所、友だちとの関係から言葉をかける、遊具を用意するなど、子どもが安定感をもって遊びに取り組めるように気配りをしています。

②Ｂ先生は、まず<u>屋外遊具の環境を整えて</u>、園庭での活動展開に備えます。園全体での<u>集団の活動を誘導し</u>、見守っています。

③Ｃ先生は、園全体での活動の準備が整い始まるときから保育に参加します。それ以前のことはＡ先生・Ｂ先生からのメモで確認します。活動に参加しながら<u>集団全体および一人ひとりの状況</u>に注目し、見守り、保育者の援助が必要と捉えた子どもに対応します。

④各保育室で並行して活動を展開します。<u>クラス集団の中で保育者と子どもがともに活動をつくり出します</u>。Ａ先生は、その日の計画に沿った環境構成や援助をしながら子どもの自発的な活動の展開を図ります。一人ひとりの思いを踏まえながらその日のねらいに向けて援助し、主に予想された子どもの状態を念頭に個別対応をします。Ｂ先生は、その日のねらいを共有しながら<u>Ａ先生の補助者にも子どもの補助者にもなります</u>。<u>予想外の子どもの思いつきを支えていく援助</u>から、活動がより豊かになり広がることもあります。Ｃ先生はクラス活動に参加しながら、<u>他クラスとの連携、保護者への対応、他の職員の代替など、園全体の状況に応じて動く</u>こともあります。また、子どもの活動に伴う環境構成（物の補充や場の移動など）、子どもの身支度や清潔の習慣といった<u>細かい援助を行う</u>ことで、子どもが気持ちよく、活動がより発展するよう配慮します。

⑤食事の時間に合わせて活動を切り替えられるように誘導し、片付けをして昼食へと向かいます。保育者は分担して食事の準備をし、子どもが<u>自発的に動くことを助けながら楽しく食事</u>をします。

　Ａ先生は「そろそろ給食だから今日はここまでにしましょう」などと活動の終わりを促し、「皆の作品がきれいにできたね」「○○ちゃん、ありがとう」「手を洗うとき手首も忘れないで」といった言葉をかけています。

食事中は全員に目配りをします。食後はそれぞれに「ごちそうさま」をして、食後の片付け、歯磨きをして遊びに入るよう促します。

　B先生はそれとなく片付けながら、「先生も手伝っていい?」などと子どもを先に立てています。マイペースであったり遅れ気味になったりする子どもに合わせつつ食事や片付けを促し、ふざけるのが止まらない子どもや小競り合いの間に入ったりもしています。

　C先生は、クラスの活動が終わる頃にB先生とテーブルや椅子を動かして食事の形にし始め、子どもたちも手伝い始めたら給食を取りに行き配膳の準備をします。その日の子どもの様子や、調子の悪い子どもの親からの伝言をA先生に伝えるなど連携を図ります。手早く食べて、早く終わった子どもが各自で食器を片付けるのを見守り、全体の後片付けも行います。

⑥帰りの集まりは各クラスとも決まった時間に行いますが、その後の子どもの降園時間は異なるため、ここでは落ち着いた時間を一緒に過ごし、気分よく帰れるよう配慮します。

　A先生は、集まりを知らせていつものように子どもと一緒に椅子を並べて座り、今日のことを話し合います。「今日は○○ちゃんに注目してもらおう」と考えてその子に話しかけることもあれば、「話したい」と望む子どもの話を皆で聞く時間をつくることもあります。その日の状態でお話や紙芝居、子どもの好きな歌を歌うなど皆で楽しめるようなことを共有します。明日の予定を伝えてから、全員で「さようなら」をします。

⑦降園時、A先生は保護者に手短かにその日のことを話します。

　B先生は、一人ひとりの忘れ物、服装などに気をつけています。作ったものを持ち帰りたい子ども、衣服の調節が必要な子ども、その日の出来事を聞いてほしい子どもなどへの個別対応や、園バスに乗る子どもの誘導も行います。待ち時間のある子どもの所持品の置き方に目を配ったり、絵本を見て過ごす子どもを見守ったりします。

　C先生は、預かり保育の部屋を整え、残る子どもと一緒に預かり保育の部屋に移動してその日の計画による活動に入ります。補助の職員の用意したおやつを一緒に食べて、子ども一人ひとりのペースに合わせて活動に取

り組めるよう配慮します。子どもによって迎えの時間が異なるので、<u>気持ちよく帰れるよう</u>、ゆとりをもって帰りの準備をします。

⑧A先生・B先生は、日誌の記入、その日の保育や子どもについての振り返り、明日への申し合わせなどを行い、C先生とは記録を通して共有します。

⑨C先生は退勤前に、その日の子どもの記録（クラス担当の子ども、預かり保育の子ども）、自分が受けた電話連絡事項を、翌日A先生・B先生他に伝えるためにまとめます。<u>園の最終退勤者となるため、消灯、施錠など責任をもって行います。</u>

# 3●子どもの一日の生活の流れ（3歳未満児）

　低年齢児の保育は身体的・生理的充足、情緒的安定が基本になります。家庭と連携して生活リズムに無理がないように時間や場所を調整し、快く過ごせるよう一人ひとりに配慮をします。朝、しっかりと受け入れることが一日の気持ちいいスタートの鍵となります。1歳を過ぎると自分から遊ぼうとする姿が増えてきて、生活習慣も少しずつ自分からやってみようとします。小さなことにも目をとめて支えることが大切です。子どもたちは日によって、時間帯によって状態が一定ではありません。一日の中でも、朝の活発で探索行動がさかんなとき、疲れてきて機嫌が悪かったり不安定だったりするときなど、大人への甘えや依存、子ども同士のぶつかり合い、遊びの持続時間などが異なります。

　心身ともに発達が著しく、周りへの好奇心が広がり、模倣なども活発な時期なので、個々の変化に敏感に、状態に応じて柔軟に関わります。個人差も大きく、遊びの好みや生活習慣の自立の程度、言葉の理解や使い方、物事への積極性など、一人ひとり違いがあります。子どもに合わせた言葉かけとともに、手をとって一緒に行う、抱っこやおんぶで触れ合うなど、多様な関わり方の工夫が求められます。

表5-3　子どもの一日の生活の流れ（3歳未満児の例）

| | 子どもの様子と保育者の関わり、環境構成、配慮 |
|---|---|

**7:15** **早朝保育**：保護者との別れが悲しくならないように気持ちを込めて迎え入れる。その子の癖や特徴に合わせて優しく言葉をかけ、視診を行い、顔色・機嫌・皮膚の様子などから健康状態を把握する。同時に、前日の様子、睡眠時間、朝食の摂取量などを保護者と確認する。保護者からの連絡事項はメモをとり、担任間で把握もれがないようにする。

**8:30** **登園、落ち着く**：情緒が安定するように、保育者との一対一の関わりを大事にする。子どもが安全な環境で好きな遊びができるようにコーナーをつくり、玩具の数は十分に用意しておく。

**10:00** **活発に遊ぶ（散歩など）**：皆が落ち着いてから散歩に出かける。習慣としてではなく外に出ることの気持ちのよさや子どもの気づきを大事にする。1歳児は散歩で犬を見て「ワンワン、いる」などと自分の思いや考えを言葉で表現したり、歩行の安定に伴って探索活動が活発になり「これなあに？」と自分の知りたいことや気になることを質問したりするようになる。こうした機会に保育者は丁寧に応え、生活や遊びでの言葉のやりとりを楽しみ、関係を深めていく。

**11:30** **食事へ**：離乳食を開始する時期は、首がすわって体調のよい5か月頃を目安にして、保護者と相談しながら進めていくようにする。離乳食の完了は

おおむね12か月〜15か月頃。1歳を過ぎると手づかみで食べるようになり、徐々にスプーンやフォークを使えるようになる。2歳になると、スプーンやフォークを使ってこぼしながらも一人で食べられるようになる。自己主張が強くなり、気の合う友だちと一緒に食べるために座る位置にこだわる子どもも出てくる。保育者がそれぞれテーブルについて、嫌いなものや慣れないものでも一口食べてみるよう言葉をかけたりする。

**13:00**　**午睡へ**：産休明けから4か月頃までは、数時間おきに睡眠と授乳を繰り返す。5か月を過ぎると昼夜の区別がつき、午前寝・午後寝と一日に2回睡眠をとるようになる。1歳児より午後1回だけの午睡に落ち着く。
入眠時は特定の保育者がそばにいて情緒を安定させ眠りにつくように配慮する。

**14:30**　**午睡の後**：目覚めた子どもから排泄・着替えを済ませるが、まだ寝ている子どももいるので絵本の時間などにする。絵本は0歳児期から見始め、好きな絵本は「もう1回」と何度も読むことを要求してくる。3歳未満児の時期は保育者に抱っこされて絵本を読んでもらうことを喜ぶ。動物の出てくる絵本、果物やパンなどの食べ物が出てくる絵本、繰り返しのある絵本などを好む。

**15:00**　**おやつとおやつの後の遊び**：全員が目覚めておやつとなる。おやつの後は思い思いの遊びを楽しめるように、遊具を出して一緒に遊ぶ。
2歳頃になると、「イヤ」「ダメ」など、自分の意思を主張するようにもなり、遊びの中でのトラブルも増える。ままごと遊びで、物の取り合いや役の取り合いでケンカになったりする。保育者は「○○で遊びたかったんだね」「お母さんになりたかったのね」など、子どもの気持ちを受けとめて

| | から同じ玩具を持ってきたり、お母さん役は今度やるように話してみる、「今日はお姉さんか赤ちゃんになって遊ぼうか？」と選択肢を示してみるなど、子どもが自分の気持ちを理解してくれたと感じられるような対応をする。 |
|---|---|
| 16:30 | **降園**：連絡帳や持ち物の支度など、忘れ物がないように確認する。一日の健康状態、食事、遊びなどの様子を保護者に伝える。 |
| 18:15 | 遅番・延長番の保育者に申し送りをする。 |
| 降園後 | **保育の振り返りと明日への準備**：保育日誌を読み返し、記録もれがないか確認し加筆する。特に、個別日誌は担当保育者が当番などで早く退勤した場合、その後の記録がきちんとなされているかの点検をする。室内外の清掃、玩具の消毒、哺乳瓶の消毒などをする。翌日の朝のミーティングで伝える内容を確認する。 |

# 4 ● 子どもの一日の生活の流れ（3歳以上児）

　3歳を過ぎると生活習慣はかなり自立し、園の生活の流れもわかってきて自分から行動できるようになります。言葉の発達や集団行動への適応力の育ちを見ても、保育者の手から離れたように見えるでしょう。一方で、遊びへの意図の深化や子ども同士の関係形成によって遊びが主体的・積極的になり、子どもの思いや要求も複雑になります。そのため個に即することの重要性は3歳未満児とは異なる点で高まるといえます。また、通園バスのため登園・降園時間がずれる、長時間保育で夕方まで園生活が続くなど、一人ひとりの子どもにとっての園生活は一様ではありません。年齢が上がると指導計画の重点が徐々に個々の遊びから集団での活動に移りますが、同じテーマで活動していても各自の取り組み方、自己表現、子どもとしてのねらいの達成などを大切にして援助します。時には子どもと一緒に考えながら生活時間や集まり方などに変化をつけるなど、心を通わせながらの保育運営が子どもの主体性を育てることにつながります。

表5-4　子どもの一日の生活の流れ（3歳以上児の例）

| | 子どもの様子と保育者の関わり、環境構成、配慮 |
|---|---|
| 7:15 | **早朝保育**：笑顔で登園する子どもも不機嫌な子どももいる。個々に合わせて優しく元気な挨拶を交わし視診をする。保護者からの連絡事項を聞き子どもを受け入れる。カバンや連絡帳を所定の場所に置くなど、朝の支度を見守る。 |
| 8:30 | **それぞれの遊び**：昨日の遊びの続きをやりたがっている子どもにはすぐにできるようにコーナーを用意する。一人ひとりが自分の好きな遊びができるように環境を整える。飼育動物や植物の世話などの当番活動を保育者と一緒に行う。 |
| 10:00 | **クラス・グループでの活動**：（例）5歳児クラスは夏祭りに向かって見通しを立て、「神輿を作る係／園舎を装飾する係／盆踊りを小さい子どもに教える係」などの役割分担を行い、皆で協力し合って協同遊びやごっこ遊びができるようにする。遊びに必要な制作のための材料はいつでも自由に使える環境にして、遊びが発展するように支援する。 |
| 12:00 | **食事**：3歳になると箸を使って食事ができるようになるが、個人差があるのでスプーン・フォークも用意する。食育の一環で正しい箸の持ち方を栄養士に指導してもらってもよい。4歳になると、友だちと会話をしながら一定時間に食事を終えるようになる。配膳など食事に関する簡単な手伝いもできるようになる。5歳児クラスは、食事の準備から片付けまで、自主的に行える環境をつくる。食べ物と体の働きをわかりやすく説明する、調理活動を通して食べ物に対する関心を引き出すなどして、食事への意識を高めていく。 |

**13:00** 午睡（静かな遊び）：4歳を過ぎると午睡をする子ども、午睡をしない子どもがいる。午睡が必要な子どもは落ち着いて静かに眠ることができるように配慮する。午睡をしない子どもは、体を休めるためにも室内で制作、ブロック遊び、読書、ごっこ遊びなどの静的な遊びができる環境にする。

言葉の発達が著しく読書を好む子どもも多い。ストーリー性のある絵本、長い物語の本、写真集、図鑑などに興味を示し、イメージを広げる。文字や標識などにも興味をもつ。

午睡をする子どもとしない子どもの保育の体制づくりについては他クラスとの連携で進めていく。5歳児になると、ほとんどの子どもに体力がつき「早寝早起き」の習慣ができるため、夜ぐっすり眠っていると午睡が要らなくなる。

**15:00** おやつ：午睡をしない子どもも、おやつの前に遊びを片付け、おやつの準備を保育者と一緒に行う。楽しく会話をしながら、落ち着いておやつを食べる。

**16:30** 降園準備：帰り支度ができているか確認の言葉をかけ、必要に応じて個々に手伝う。明日に期待がもてるような言葉かけをする。遅番、延長番の保育者に申し送りをする。保護者に一日の様子を伝える。

**降園後** 保育の振り返りと明日への準備：その日の活動が翌日につながるように日案を見直し、保育内容に沿った環境を整える。園庭の固定遊具、砂場の安全点検をする。当番、研修などが入っていないかを確認し、翌日の3歳以上児クラスの保育体制について話し合う。

# 5●日々の環境整備の要点

## 5-1　子どもを迎える前に／子どもを迎え入れながら

　子どもが安全で充実した園生活を送れるように、下記の事項に留意しながら保育環境を整えていきます。

- 乳児クラスは毎日玩具を拭いたり洗ったりする。
- 園全体が清潔で温かく落ち着いた雰囲気になるように、室内の装飾なども自然なものを心がける。花や植物なども取り入れる。
- 子ども自身が見通しをもって動ける生活の場にする。
- 子どもが安定できるように、家庭と同様に、生活カテゴリーごとに固有のスペースをつくる。
- 子どもの生活動線を中心に考える。子どもたちが自分で納得してスムーズに動けるようにする。
- 片付けやすいように、各コーナーの玩具は種類別・色別にして収納する。
- 3歳未満児は自分の欲求を十分に満たすことが特に重要なので、玩具の数は豊富に用意しておく。常設しておくのは一部にして、子どもが遊び始める様子を見ながら出していく。

## 5-2　事故防止と安全対策のチェック

0歳児
- ビニール袋など、周囲に窒息につながる危険なものはないか。
- 授乳後の排気確認や乳幼児突然死症候群への配慮は行っているか。
- 身体のバランスが不安定で転倒しやすい。床に危険な物はないか。

1歳児
- つまずいて転倒するような段差はないか。
- 着替えのときなどに肘内障を起こさない配慮をしているか。
- 口に物を入れたまま眠ったり遊んだりしていないか。

2歳児
- 固定遊具で遊ぶとき、保育者は危険時を予測してそばについているか。

　　　　　・玩具を持ったまま固定遊具で遊ばないように声をかけているか。

　　　　　・年上の子どもの行動を模倣して能力以上の遊びをしていないか。

3歳児　・水まわりをこまめに拭いているか（手を洗う機会が多くなる）。

　　　　　・鬼ごっこなどでの衝突事故が起きない配慮をしているか。

　　　　　・衝動的な行動を予測して危険物のない環境整備をしているか。

4歳児　・鉄棒や登り棒からの転落事故防止に努めているか。

　　　　　・散歩中に列の間があいたとき、先頭の子どもに待っているよう促
　　　　　　しているか（後方の子どもが駆け出さないように）。

　　　　　・友だち同士のふざけ合いを、危険のないように見守っているか。

5歳児　・ハサミやカッターの正しい使い方を伝えているか。

　　　　　・交通安全の知識を身につけ、自分で判断して道路を歩けるよう援
　　　　　　助しているか。

　　　　　・ケンカやふざけ過ぎで事故が起きないように言葉をかけているか。


# 6●園の管理運営、職員間の連携

## 6−1　会議の種類と目的

　園の管理運営についての会議、保育内容の充実などに向けた会議では、建
設的な意見を出し合うようにします。いずれの会議でも記録をとり、当番な
どで会議に参加できない職員は記録に目を通して内容の共有を図ります。保
育所を例にすると、主な会議には以下のようなものがあります。

　・朝のミーティング（毎日）：子どもの出欠状況、行事、来客予定など、
　　その日の連絡事項を共有する。

　・クラスの話し合い（月1回程度）：保育の振り返り、指導計画の確認、ク
　　ラス運営や保護者支援について話し合う。

　・リーダー会（月1回程度）：園長、副園長、各クラスのリーダー、看護師、
　　栄養士が参加する。園の運営状況、組織としての課題、職員会議の議題、
　　ＯＪＴ内容[3]などについて協議する。

- 職員会議（月2回程度）：全職員が参加する。事務連絡、各会議報告、研修報告、クラス所見の報告、行事の反省・予定などが議題になる。ケースカンファレンス（事例検討）、保護者対応に関する話し合いも含む。
- 献立会議：園長、栄養士、調理師、各クラスのリーダーが参加する。喫食状況、アレルギー児対応の確認、食育の進め方などについて話し合う。

## 6-2　長期的な振り返りと計画の共有

記録のまとめ、翌月の計画、準備（打ち合わせ、教材研究・準備など）を行う過程で、子どもの実態や保育上の課題などを確認・共有して、次への手立てを一緒に考えていきます。

- その月の振り返り・省察を行い、課題の共有化を図り、翌月の計画に生かす。
- 3歳未満児および要支援児に関しては、一人ひとりの発達を確認しながら個別計画を立てる。計画は保護者にも確認してもらい、「共育て」に生かす。
- 虐待予防や対応については園全体で話し合い、実践内容を適宜報告する。
- 実践効果を上げるために事例を挙げて意見交換をし、あるべき姿を確認し合う。

## 6-3　園環境の整備の観点

環境構成（遊具の手入れ、室内の保育環境構成、園全体の環境設定など）においては、子ども一人ひとりにとって、長時間過ごす居場所として適切かを常に問い直します。

- 子どもの人権が守られた環境：プライバシーの保護や羞恥心に配慮した援助を行う（オムツ交換時の配慮など）。夏季の水遊びの着替えなどに細心の注意を払う。
- 保育室の環境：子ども自身が見通しをもって動ける生活の場、子どもの育ちに合わせた遊びの場をつくる。保育室は子どもにとって「おうち」であるため、施設の構造上設置せざるを得ないものについては見せ方を

工夫する。著しく大きい壁面装飾や、ガムテープ、ビニールテープを多用し過ぎるなど、家庭での生活にあまりなじまない要素は検討が必要である。

・コーナーの設定：子どもが自分の好きな遊びを選べるようにコーナーを設ける。

［絵本コーナー］0歳児および1歳児クラスは、平置き棚またはウォールポケットが選びやすく取りやすい。子どもが自由に取り扱える大きさの絵本、適切な冊数を揃えて、子どもの興味・関心、季節、行事などに合わせて適宜入れ替える。大事に扱うことを繰り返し教えていく。

［ままごとコーナー］キッチン台、食器棚（具材棚）、調理台、テーブルなどが必要である。調理器具は十分な数を揃える。象徴機能の発達を阻害しない素材（無地かつ単色のお手玉状の物、フェルト、チェーンリングなど）を取り入れる。抱き人形（1歳児後半からはお世話の対象でもあり、お世話されている自分の投影でもある）、ベッド、布団、着替え、おんぶ紐など、お世話に必要な物を用意する。身近な保育者の模倣もするので、保育者が食事のときに身につけるエプロンや三角巾なども用意する。年齢が上がるにつれて、より具体的で本物に近い物を置く。

［積み木・ブロックコーナー］集中できて継続可能な場所を確保する。基尺を揃えた積み木（年齢が低いほど同じ基尺）を準備する。マット、ござなどでコーナーを設定する。

## 6−4　記録の作成と共有

①記録のまとめ、子どもの育ちの共有、要録・次年度の計画の作成

　記録は、保育の充実のために重要な役割をもっています。職務のひとつとしてだけでなく、専門性向上のために取り組みます。

・行事記録、職員会議記録、献立会議記録、避難訓練実施記録、研修報告記録、保護者会記録、保育日誌、指導計画、散歩計画および実施記録など、すべての記録がきちんと記載されているか確認する。それぞれの記

録を基に、次年度の計画を立案する。

- 年度末に年間の保育の反省を行い、職員会議で発表する。次年度の担任が決まっているので、子どもの引き継ぎ、各クラスの保育運営など、実践に役立つ報告会にする。

- 園全体で、「幼児期の終わりまでに育ってほしい姿」や保育要録の書き方などについて、参考文献の読み合わせをしながら学び合う。5歳児クラスの担任はさらに自己研鑽し、保育要録を完成させる。小学校との打ち合わせに活用できる内容にする。

②カリキュラム・マネジメントにかかる園環境の見直し

　園に対する地域からの要望、保護者の状況、子どもの姿などを総合的に踏まえて、園環境と保育のあり方を振り返ります。課題を見つけて可能な限り改善を図ります。

- 3歳未満児の延長保育利用が増えたり、異年齢交流が予想以上にさかんになったりしたときは、園全体でのカリキュラムの見直しが必要になる。年度の途中でも子どもが無理なく楽しく園生活が送れるように体制を検討する。

- 異常気象発生（猛暑や豪雨など）や感染症流行によって保育環境を臨機応変に見直す必要が生じた場合は、「○○対策委員会」などを立ち上げ、責任者（園長）が的確な決定ができるように協力体制をとる。

- 差し迫った状況では、事態が流動的で急速な変化があり、手段も限られる場合が少なくない。現状についての正確な情報を把握し、現在とりうる手段と実行のタイミングについて皆で知恵を出し合う。

## 6－5　保育の向上にかかる園全体の取り組み等に関する職務

　園には、それぞれに特色や独自の方針があります。例えば表5－1（p.78）に示した保育所では、手作りの玩具や絵本の読み聞かせを通して心の豊かさ、創造性を育てることを重視しています。保育者も自己発揮しお互いに楽しみながら準備しています。

手作りの玩具

- 手作りの玩具：玩具や装飾はできるだけ手作りのものを用意して、家庭的で温かい環境のもとで保育を行う。子どもが自ら好きな遊びを十分にできるように配慮する。
- 絵本の読み聞かせ：絵本コーナーには十分な冊数の絵本、図鑑、童話などを用意し、子どもが自由に好きな本を選べる環境を大切にする（表5−1の保育所では2,000冊程度を常備）。登降園時には、保護者に絵本を読んでもらえる場所をつくる。その他、毎月、外部講師（ボランティア）に童話を語ってもらう機会も設けている。
- 健康増進：戸外活動を重視し遊びの中で体力の増進を図る。子どもが自由に体を動かして遊ぶことを通して体幹機能の発達を促し、自分で自分の身を守る力を育むように援助する。また、快食・快便・快眠（早寝早起き朝ごはん）の生活リズムを大事にする。夜の睡眠時間を考慮して、基本的に4・5歳児クラスは午睡をしていないデイリープログラムとする。0歳児より歯磨きを行う。

## 6−6 研修に関わる活動

　職員一人ひとりの資質向上を3〜5年計画で目指していくために、個人別の研修計画を作成して、自発的に研修に臨む姿勢をつくることも有効です。研修活動の具体例を以下に示します。
- 月2回の職場内研修で、テーマを決めて保育の振り返りを行う。
- グループをつくり、自分たちでテーマを決めて保育研究を行う。成果を年度末の職員会議で発表する。3月末の新人研修でも披露する。

　（テーマ例：園舎内外の環境構成／手作り玩具／事故防止／エプロンシアター作成など）

## 6−7　事故防止と安全対策

　日常の安全管理に配慮した保育を展開し、事故を予防・回避するためには組織的な取り組みが重要です。

・事故に関するマニュアルは定期的に読み合わせを行うようにするが、臨機応変な対応も考える。

・事故発生の予測が立ち、具体的な対策が可能な場合は積極的に実行に移していく。

・子どもが自由に体を動かして遊ぶことを保障し体幹機能を発達させることで、自分で自分の身を守る力を育む。

・ケガや事故を予防するために、日頃から身の回りの危険について子どもにわかりやすく伝えていく。

・ケガや事故が発生したときは、的確かつすみやかに状況を把握し応急処置を行う。首から上の事故は医療機関を受診し、緊急を要する場合は救急車を呼ぶ。事故の経過と対応を記録にまとめる。保護者に連絡し経緯と現状を伝える（「いつ、どこで、誰が、どんなことが起こったか」と現在の状況を伝え、受診の許可を得る。迎えに来た保護者に詳しい報告・謝罪をする）。状況次第で、帰宅後も連絡して子どもの様子を確認する。

・事故原因や、予測可能であったかどうかを検証する。直接原因は保育者の不注意やヒューマンエラーが多く、間接原因として子どもの心理や行動に関する要因、環境要因、設備構造に関わる要因などがある。

・報告書や記録を安全対策に役立てる（日誌、事故報告書、ヒヤリハット記録、ケガ報告書など）。

＊　　＊　　＊　　＊

**注**

1）子ども・子育て支援法第7条など参照。

2）以下を参照。

　　幼稚園設置基準第5条

　　児童福祉施設の設備及び運営に関する基準第33条

　　幼保連携型認定こども園の学級の編制、職員、設備及び運営に関する基準第
　　5条

3）On the Job Training の略。職場で、実務を通して業務を教えていく手法。

---

**演習課題**

**1** 養護と教育の一体的な展開について、子どもの年齢と生活場面を想定
　してロールプレイを行い、具体的な視点・援助を確かめましょう。

**2** 幼稚園、保育所、幼保連携型認定こども園の保育者の勤務パターンを
　調べて、日々の生活の心構えを考えてみましょう。

**3** 保育施設の種類が異なっても、共通して基本となる保育者の専門性に
　ついてまとめましょう。

# 第Ⅱ部
# 保育者は
# 子どもに
# どう向き合うか
―保育者の意識と保育行動

# 第6章

# 保育者は
# 考えながら実践し、
# 実践しながら考える

## 1●保育現場と保育者の行為の実際

　保育者は、朝の出会いから別れまでのほとんどを子どもたちとともに園で過ごします。それぞれが異なる存在である子どもたちと保育者との生活は、予定調和的に過ぎていくことはまずありません。たとえ一日の計画が同じであっても、今日の一日は昨日と同じように流れていくとは限らないのです。保育者も子どもたちも生身の人間として心が揺れ動き、状況や事態もさまざまに変化しますから、予想の範囲を超えた事態に直面し困惑してしまうこともまま起こります。困惑したからといって思案する暇はなく、その場で対処するしかありません。子どもや状況を直感的に捉え、いままでに培ってきた保育の知識や価値観などを総動員して子どもたちと向き合うことになります。子どもたちとの生活の中でそれを不断に行っているのが保育者です。そうして人間同士として心を開き合い、重ね合い、日々を紡いでいくことで得られる喜びを味わえるのもまた保育者なのです。

### 1−1　個と集団への視点

　一人ひとりの子どもがその子らしく充実した生活を送れるように、保育者はどのようなことを感じ考え、どのように行動しているのでしょうか。その

内実を、事例を基に保育者の視点から考えていきます。

　ここで取り上げる事例が模範例というわけではありません。実践中の視点を考察するための事例であり、保育者や子どもが変われば、起こる事態も対応の仕方も当然変わってきます。ただし、考え方の基本は共通しています。実践場面をイメージしながら、保育者の心情や意図などを考えていきましょう。

## 事例1−1●ここに座りたい

4歳児クラス　10月後半

　お弁当の時間が近づき、担任（Ａ先生）の指示で子どもたちは保育室内の片付けを始めた。外遊びの子どもたちも戻り、着替えを済ませた子どもから順次座る場所を決め、それぞれがお弁当の支度を始めた（この園では登園時に体操着に着替え、昼食前に私服に戻る）。

　ケイタ、トモヒロ、ノリコは着替えながらのおしゃべりが長く、終わって席に着こうとしたときには、3人一緒に座れる場所は残っていなかった。トモヒロとノリコは2人で並べる場所を見つけてさっそく支度を始めたが、ケイタは出遅れてそこに座れず、ノリコの背後に立った。ここに座りたいとの意思表示のように見えるが、誰も動いてくれる気配はない。ケイタも動きそうもない様子に気づいてＡ先生が来た。傍らにしゃがみこみ、ケイタや周りの子どもたちに話を聞いている。ケイタはＡ先生の話しかけにも納得できない様子で、頑としてそこを動こうとしない。そのうちにべそをかき始め、声は上げないが泣き方がだんだん激しくなっていく。ノリコの向かい側の5歳児が他の席に移動してくれたのだが、ケイタが泣くのは収まらなかった。Ａ先生と一緒に譲られた席に移ったものの、立ったまま泣き続けている。

　この日はいつもと違って4、5歳児が一緒にお弁当を食べることになっていました。保育室間の間仕切りを取り払って机と椅子を並べ、4歳だけ、5

歳だけで集まって座っているところもあれば、混ざっているところもあるという中での出来事です。5歳児は何でもテキパキとこなし、4歳児より遅く片付け始めたのに、すでに支度を終え着席して「いただきます」を待っています。3人が着こうとした席にも、5歳児が4人きちんと座っていました。

　事例からこの場面を想像してみてください。そしてあなたが保育者としてこの場面に遭遇したらどう対処するかを考えてみましょう。なぜそうするのかも考えましょう。他の人と話し合ってみるのもいいですね。

　どのような意見が出てきたでしょうか。いくつかの例を挙げてみます。

Ⅰ　支度に取りかかるのが遅かったのはケイタ自身である。だから仕方がないのではないかと諭し、我慢してもらう。

Ⅱ　一緒に座りたいのなら早く着替えを済ませて準備をすべきだった。待っている周りの子どものことも考えてほしいと伝え、あきらめてもらう。

Ⅲ　自分のクラスだけでなく5歳児までもずっと待ってくれている。これ以上待たせるわけにはいかないし、わがままを通してほしくないので、しかる。

Ⅳ　ケイタが席にこだわるには相応の理由があるのだろう。納得できるような道を一緒に探ってみる。他の子どもたちを待たせるのはやむを得ないだろう。

Ⅴ　生活の流れに支障が出ないように、昼食時の席はあらかじめ決めておく。こういったトラブルを防ぐことができるだろう。

　他にも考え方や方法があるかもしれませんし、ⅠからⅤの対応の理由も複数挙げられるでしょう。ではここで、実際の展開はどうなったのかを見てみましょう。

## 1−2 状況に即応する保育者

### 事例1−2 B先生がやってきた

　ケイタは泣き止みそうもなく、A先生もどうしてよいかわからない様子だったが、そこに補助の保育者（B先生）がやってきた。ケイタに向き合ってかがみ込み、何か語りかけ、ハンカチを出してケイタの涙を拭いた。ケイタはそのハンカチをつかみとって鼻の下をこすり、B先生にハンカチを返した。その後2人は手をつないで周辺の机を巡ってから、さっきの場所に戻った。ケイタは抱えていた水筒を空いている机に置いてからお弁当の準備をすると、椅子に座った。皆で「いただきます」をして、ケイタも周りの子たちとおしゃべりをしながらお弁当を食べ始めた。

　事例はこのような経過を辿りました。皆さんはどう思いましたか。「なんとか収まったのか」と思った方も、「これが保育なの？」と感じた方もいるでしょう。

　事例1−1、1−2は、第三者による観察記録を基にしていますので、ケイタや保育者の様子や行動、保育の流れなどがわかります。A先生もB先生も「この席」にこだわるケイタの気持ちを受けとめ、何とかしようとしていた様子がうかがわれます。先述のIからVの対処法でいえば、ケイタの気持ちを尊重した、「IV」に該当する関わりといえるでしょう。でも、事例の記述からは、A先生はなぜケイタに我慢するよう促さなかったのかはわかりませんね。また、B先生がなぜ突然ハンカチでケイタの涙を拭いたのか、ケイタと手をつないで机を巡ったのかなど、B先生の意図も、これまでの事例の記述だけではまだ見えてこないでしょう。

　保育者は、園生活の流れに沿って動いているように見えるときでも、実はさまざまなことを感じ考えています。その一端を、同じ場面のB先生自身の記録から見てみることにしましょう。

# 2●保育者の意識と行為

## 事例1−3　ここで食べる［B先生の記録から］

　（A先生は4月に着任した新人保育者である。事態が動きそうもない状況を見ていた私は、サポートに入ろうと判断した）。

　いつもならおしゃべりでにぎやかなお弁当の支度時間が、今日はひっそりとしている。その中でケイタは声を立てずに、でも肩をふるわせるほどにはっきりと泣いている。ケイタの様子を近くで確かめたかったこともあり、私はケイタに歩み寄り前にしゃがんだ。譲られた席を指し「ここならトモくんやノリちゃんの顔も見えるし話もできるけど」と言ってみたが、ケイタは相変わらず視線を下に落としたままである。間近で見る顔は涙だけでなく鼻水も出てぐちゃぐちゃだ。どうしよう。担任ではない私の言葉に耳を傾けてくれるかどうかとっさには判断できず、言葉ではない関わりを探した。ケイタならこんな顔を他の子たちに見られたくないだろうと考え、急いでハンカチを取り出して、涙と鼻どっちが先かと迷いながらまず目をそっと押さえた。するとケイタはもぎ取るようにハンカチを奪い、鼻の下をこすり、そのまま私に突き返してきた。このとき私は、やっぱり鼻水の方が気になっていたのねと苦笑するとともに、ケイタもことを収めたいのだと直感した。そう感じさせる拭き方だった。

　収束には何かきっかけが必要だと感じ「どこか座れるとこがないか探してみる?」と声をかけてみた。ケイタは素直にうなずいて私の差し出す手を握り、もう一方の手で水筒を抱え一緒に歩き出してくれた。近くの机を回りながら、私はケイタがもう本気で席を探す気がないのを感じた。近くを巡っただけで元の場所に戻ると、ケイタは机の上に水筒をドンと置き、すぐにお弁当の支度を始めた。ここで食べると宣言したようなきっぱりとした様子に私も大急ぎで手伝い、支度はすぐに調った。やっと「いただきます」ができて、ケイタも何事

もなかったように食べ始めた。ケイタはこの後周りの子たちとおしゃべりをしながら、いつものように一番早く食べ終え、積み木で家を作り始めた。

　上の記録には、事例1−2で示したわずか数分の出来事中の、B先生の心情がこまやかに記されています。B先生がなぜハンカチを取り出したのか、どうしてケイタと手をつないで机の間を巡ったのかなどが見えてきたのではないでしょうか。観察者には見えずとも、保育者は絶えず自分の心の内を探り、自問自答しながら行為を選び実践し、実践しながらその行為を評価して、次の新たな行為につなげることを繰り返していると理解できたでしょうか。言葉のやりとりはわずかでも、実は行われていた対話もわかり、保育者が何に心を砕いていたのかが見えるでしょう。

　保育者は一人ひとりに向き合いながら、同時に広い視野で状況を捉えています。それを見ていくために、B先生が事例の場面で考えていたことを、さらに丁寧に読み解いていきたいと思います。

## 2−1　子どもの思いの尊重

　B先生はケイタがいつまでも泣き続けていることに、ケイタの強い意思を感じ取りました。ケイタは好奇心は強くいろいろ取り組む子ですが、気のあった友だち以外の子どもとはあまり関わろうとしません。他の子が入ってきたり、もめごとになりそうなときは、すっとその場を離れていきます。そのケイタが、静かにお弁当を待つ子どもたちの中で、座る席に頑なにこだわり続けているのです。B先生はできればケイタの気持ちに応じたいと思いました。

## 2−2　周囲に与える影響

　皆が注目している中で、他の子どもたちを待たせ続けることの影響も考えていました。ケイタに我慢してもらえればすぐにでもお弁当は食べられます。

しかし結果として、「ケイタのような意思表明の仕方は、集団行動を乱すよくないことなのだ」と他の子どもたちに刷り込まれていく可能性があるでしょう。一方、ここでケイタの意思を尊重する収め方ができれば、他の子どもたちが同様の立場に立ったときに、「叱責されるのではなく、意思表示として受けとめてもらえる」というメッセージになり得ます。さらに、ケイタが納得して座ることができれば、待っていた子どもたちも、待たされたのではなく待ってあげられてよかったと思えるかもしれませんし、ケイタも待ってもらえてよかったという気持ちになるかもしれません。そういう子どもたちに育ってほしいとB先生は願ってもいました。

## 2−3　クラスの育ちとその子の育ち

　4歳の2学期半ばという時期のことも、B先生の念頭にはありました。このクラスは3歳から進級した子どもがほとんどですが、保育室が変わり担任のA先生も初めて出会った人です。3歳時にはよく遊んでいた子どもたちも、1学期は所在ない様子が目立ち、A先生も日々の生活をつくるだけで精一杯、一人ひとりの気持ちをつかむまでの余裕はなさそうでした。2学期になり、ようやく子どもたちと先生がつながり生活が安定してくるのと呼応するように、子どもたちの間でもめごとが目立ち始めました。我慢していた思いが出始めたのかもしれません。互いに我を張り合ったり相手を責めて関係が壊れたりで、A先生が間に入って調整する日々が続きました。

　4歳は自分の思いがはっきり自覚できるようになってくる一方で、相手の気持ちには十分に目が向けられず、ぶつかったり葛藤したりしながら自己調整へと向かう時期です。このクラスでも解決できないままに終わることも多かったのですが、次第に相手の言い分から互いの気持ちを推し量れるようになり、ようやく落ち着いてきたのがこの頃です。これまでもお弁当の席決めでもめて、大泣きして自分を通したり、頑として譲らなかったり、そうかと思えば自主的に席を譲ったり、それぞれに自分自身や仲間の様子を見て学ぶ体験を重ねてきています。B先生には、そんな中でもケイタが相変わらずいざこざを避けるように動く様子が気がかりでした。皆がわがままを言い合い、

大声で泣く様子にも心が動かないのだろうか。ケイタにとっては、素の自分を表現することは何か大きなハードルになっている、とB先生は感じていたのです。

## 2−4　保育者の決断と行為

　諸々の事情も勘案して、B先生はケイタの気持ちに付き合おうと決断しました。そして遠目にはわからないケイタの気持ちをしっかり把握するためにもケイタに近づき、様子を見ながら声をかけたのです。難しいだろうなと思いながらもかけた提案の言葉は、案の定ケイタには響かず素通りしていきました。

　ケイタは、できない自分は見られたくないと思うような子どもです。泣き出してしまったけれど、涙と鼻水が止まらない自分を見せたくなくて下を向いている、ならば拭いてあげよう、そう思ったB先生はハンカチを取り出しました。言葉より、行為を通して伝える方が思いが届くのではと感じたのです。ケイタにとってどっちが格好悪いのか一瞬迷い涙を先に拭いたのですが、鼻水の方が気になっていたようです。ハンカチをもぎ取り鼻の下を強くこすりとる、いつになく荒っぽい仕草と、顔をあげてしっかり視線を合わせてハンカチを突き返してきた様子から、B先生は「もう泣かない」というメッセージを受け取りました。それに応え、ケイタが自ら動き出す後押しをするために、座れそうな席を探すことを提案し、手を添えてその行動を支えようとしました。提案を素直に受け入れて周辺を少し巡り、譲られた席でお弁当の支度を始めたケイタの様子に、B先生はケイタが自分の壁を自分の意思と力で乗り越えたと感じて、ケイタに「とことん付き合ってよかった」と思うとともに、実はほっとしたのです。

## 2−5　保育者の喜びと学び

　B先生はこのクラスの担任ではありませんが、ケイタとは3歳から関わりがあり、どんな子どもか、ある程度は理解していました。とはいえ、A先生の困惑する様子に後を引き受ける覚悟をしたものの、具体的な見通しは全く

立っていませんでした。ケイタの気持ちを読み取り、どう応じるか計りながら関わり、ケイタの応答から次を考えるという一連のやりとりは、互いの共同作業でもあり真剣勝負ともなります。

　保育の中ではこのように子どもと真正面から向き合う必要を感じる瞬間があります。子どもに添って動くうち、その子が保育者からすっと離れ自力で歩き出したと思える瞬間にも出会います。相手が子どもであっても、互いに自立した個として対等に向き合い、つながったと思える瞬間です。それぞれの道をそれぞれが歩むその根底に、他者と深くわかり合えたという経験が生きてくれるに違いありません。これは保育者だからこそ味わえる喜びであり、真剣に向き合えば逃げずに向き合ってくれる子どもがいてくれるからこそ得られる学びだと思うのです。

## 2−6　保育者の子ども理解と関わり

　ここで、改めて事例1−1についての問い（p.100）に立ち戻り、子どもへの応じ方についていま一度考えてみたいと思います。A先生、B先生の対応がⅣといえること、その理由については理解できたでしょう。では、Ⅳを除く他の対応についてはどう考えればよいでしょうか。事例1−1から1−3に基づき考察してみましょう。

①対応Ⅰについて
　Ⅰの対応には、その子が自分の行動と結果を結びつけて捉えられるようになっているかどうかを見極める必要があります。例えば3歳児が同じように「ここに座りたい」と泣きわめくことがあります。自分の思いがはっきりして、そこしか見えずに強く主張するのです。そのことだけでいっぱいですから、あなたが引き起こした結果でしょうと諭してみても聞く耳をもちません。この年齢には「先生が隣に座るから」など、子どもが気持ちを切り替えられる対応の方がふさわしいでしょう。5歳児では状況を読み取る力がつき、こういう事態は起こりにくいのですが、起こるとすれば子どもの側に相応の理由があるはずです。まずは思いを聴き取ることから始めて対応を考えます。

　4歳児はその中間の年齢です。自分の思いが先行して相手や状況にまで気持ちが向かないときは、説明だけでは納得できず、自分を否定された、我慢させられたと受けとめる可能性があります。その場を収められても、反発や不満、寂しさなどが残るかもしれません。保育者の説明を理解し受けとめられるようであれば、葛藤体験を通して自ら行動調整しようとする契機になるかもしれません。ケイタの場合も本人が納得できるなら、今後は早く支度をしようと前向きに考えるきっかけになるでしょう。

　これには伝え方や保育者と子どもの関係のありようも影響します。その子が納得できるように、他の子どもも他人事ではなく自分事と思えるように、伝え方を工夫していきましょう。我慢を強いるよりも、「一緒に座れるようにもっと早く支度をしましょう」などといった肯定的かつ具体的な言い方が求められます。

　子どもは自分を受けとめてくれる人を信頼し、その言葉に耳を傾けてくれます。関係づくりが十分でないと感じるうちは、その子がなぜそうするのか、思いを聴き取ることをまずは大事にしましょう。教え諭すのはその次の段階です。

②対応Ⅱについて

　自分の行動の結果がいまの苦境をもたらしていると示すだけでなく、周囲への影響も伝えています。皆を待たせていることに注目させて、仕方がないとあきらめるよう促すためでしょう。自己中心的な見方から抜け出せない子どもには、視野を広げるきっかけになることもあります。しかし、保育者が集団行動を円滑に進めるために自制を求めるのであれば、子どもには不満や理不尽な思いが残るでしょう。子どもと保育者の関係のありようがやはり影響します。互いの気持ちがつながっていれば、子どもは葛藤があっても自分がないがしろにされたとは受けとらず、気持ちをコントロールしようとするでしょう。信頼関係がないと、保育者への不信感を抱かせてしまいます。ケイタの場合でも、強く言えばあきらめてくれる可能性はあるでしょうが、保育者との関係は切れてしまうかもしれません。

③対応Ⅲについて

　集団行動を通して発達を支えていく保育観に基づいた応じ方でしょう。そこでは集団生活や同じ活動に自ら取り組む姿勢が重視され、規範の中で行動することを求められます。保育者も日々の保育計画を順調に進めていくことに力を注ぎ、流れに乗れない子どもを「はみ出す子」と捉えがちになります。ケイタの場合にも、普段おとなしい子どもがどうしてあんな泣き方をするのだろうという気づきや疑問はもちにくくなるでしょう。集団生活の流れを乱すわがままと受けとめ、やめさせるためにしかるかもしれません。こういった対応の繰り返しは、子どもたち一人ひとりの持ち味をつぶしてしまうでしょう。

④対応Ⅴについて

　集団活動を円滑に進めることに、さらに重きを置いた対応の仕方といえます。先述のように、4歳児では自我がぶつかり合いもめごとが頻繁に起こることがあります。もめごとを無用な摩擦と捉えると、それが起きない環境をあらかじめつくりたくなるでしょう。けれども、他者との衝突は、自分と出会い他者と出会う貴重な体験だとも考えられます。ぶつかり、いがみ合い、わかり合う過程を経ることで、子どもは自分を少し引いて見つめたり、他者の思いを理解したりできるようになっていくのです。そこを通らないままに、他者とわかり合い折り合えるようになるでしょうか。

　乳幼児期の発達は、その様相もペースも個人差が大きく、個々の子どもに合わせた柔軟で臨機応変な援助が求められます。B先生がケイタの涙を拭いたのはとっさの行為でしょう。でもそれが結果として事態を動かしました。とっさの行為の背景には、実践の中で積み重ねてきた、ケイタやクラスに対する理解がありました。保育中には熟慮の余地はほとんどありません。考えながら行為し結果を受けて次を考えるという繰り返しが、実践に対する意識を形成し、場に応じたとっさの判断や行為を生み出してくれるのです。思考と行為をすりあわせながら実践していくことによって、子どもに寄り添えるようになっていくでしょう。

　意識の形成はこれで十分とはいえません。保育者も一人の人間として認知や思考などに癖や偏りがあります。自問自答しながらの実践だけではそこに気づきにくいのです。自身の偏りを自覚し調整できるようになることは保育者として不可欠なことであり、常に保育を振り返る必要があります。

**演習課題**

**１** 事例1－1（p.99）を読んで、あなたならどう対応すると考えましたか。

・後述の展開（事例1－2、1－3）を踏まえずに、事例1－1の状況から考えた対応の仕方を書いてみましょう。

・そのように対応しようと考えた理由、すぐに思いついたかどうかも自問して書いてください。

**２** 事例1－3を読んだ後、事例1－1のみを読んだときと比べて気づきや気持ちの変化がありましたか。あった場合にはその内容と理由を、なかった場合は理由のみを、考えて書きましょう。

**３** 保育者は保育中に、遊びの充実の視点の他にもさまざまに考えを巡らせることが求められます。本章から読み取ったことを整理して書いてみましょう。

# 第7章

# 保育者は振り返る

## 1●実践の振り返りとは

### 1−1　振り返りの意義

　保育とは、保育者が自分の知識や経験に基づく直感を頼りに子どもや子どもたちに向き合い実践し続けていくものです。したがって第6章の一連の事例で見たように、当事者でない者にとっての保育理解は、行動などを手がかりに推測できる範囲に限られ、その時々の保育者の行為の意図や心情まで読み取るのは難しいでしょう。保育者自身も、子どもたちと過ごす折々の状況の中でさまざまな感情や考えが浮かんでいたはずなのですが、次々に生じるするべきことやしたいことに追われるうちに、感じ考えたこと自体を忘れていきます。考えつつ実行したことがその場にふさわしかったのかどうか、その都度検証する余裕はないままに一日が終わります。

　外側からは理解しにくい、保育者自身の感覚と記憶に残るだけのきわめて主観的な保育の世界は、そのままでは時とともに消えていきます。しかし、子どもたちのよりよい発達を促すためには、保育を吟味し新たな目標や計画につなげていく必要があり、そのためには具体的な保育の内実が明らかにされなければならないでしょう。それゆえ、保育者自身の視点で保育を振り返り、具体的な場面として再認識し記憶にとどめておくことはとても大切です。

再認識することで自分の意識や実践を客観視できるようになり、保育を見直すことができるからです。

## 1−2　保育の当日を振り返る

### ①保育の事実を思い起こす

　子どもたちが降園した保育室は、先ほどまでの熱気や騒がしさが嘘のように、ひっそりと静まりかえっています。そこに身を置いて室内の清掃や遊具の整理整頓などをしていると、その日のことがふっと蘇ります。出来事の一コマ、子どもの一瞬の表情などが映像のように浮かんでくるのです。記憶はまだ生々しく、気になったことや印象に残ったことなどはすぐに思い浮かびます。でも、翌日にはそこに今日のことが重ねられ、昨日の出来事は鮮明さが薄れていきます。保育の検証には具体的な事実を整理しておくことが必要ですから、保育者の内にある体験的事実をその日の内に思い起こしておきましょう。一度鮮明に思い起こしたことは忘れにくくなります。

### ②保育を再体験する

　保育を思い起こす過程は、自分自身を過去の保育場面や出来事の渦中に引き戻して、そのときの体験をもう一度辿り直すことに他なりません。第6章の事例場面（p.99）におけるA先生の思いを、A先生自身の保育記録から読み解き、振り返りにおける保育の再体験の具体的様相について考えていきたいと思います。

### 事例1−4　ケイタのお弁当の席［A先生の記録から］

　私はケイタの話を聞き、4、5歳合同の日でもお弁当の席はトモヒロの隣にしたかったことを知る。隣のノリコに席へのこだわりがないのであれば、ケイタと代わってもらうよう話してもいいのではないかと思いノリコに聞いてみるが、ノリコもトモヒロの隣がいいと言う。ここで私は、ケイタがトモヒロの隣

にとてもこだわっていて、自分の思い通りにならないこの状況をどうしても受け入れたくないという気持ちを感じ取った。しかし、全体を見渡すとそんなことも言っていられない状況である。年長も年中も席に着いていて、もうすぐいただきますの号令がかかろうとしている。私もすごく焦っていた。「もうしょうがないから違う席にしよう」と強引に言いたくなる気持ちが寸前まで来ていたが、「どうしてケイタはそんなにこだわるのか」「ケイタに何がしてあげられるだろうか」という思いが催促の言葉を遮っていた。もめごとが起きそうな場面ではすり抜けていこうとする印象がケイタにはあったため、今回も自分から退いていくのではないかとどこかで思っていたようで、私は少し驚いていた。突然現れたケイタの「こだわり」を大事にしたい、かなえてあげたい、思い通りにいかなかったとしても一緒に考えてあげるべきだと感じていた。ケイタが納得のいくものにするためにはどんな案があるのか、どんな言葉をかければいいのか、何も出てこなくて、何もできないままに終わってしまった。

　ケイタのこだわりはケイタの思いであろう。それが表に出てきたあの瞬間を、「もう時間がないから」「後から来たんだから」という言葉で押さえつけるのは何だか惜しい、ケイタの思いに向き合えばケイタのことが何かわかるのではないか、成長につながるチャンスなのではないかと感じていた。焦りと戸惑いでうまく対応できなかったが、ケイタにもそのようなこだわりを通したい一面があったとわかり、もっと他の対応はなかったか考えていこうと思えた。

　いま、この記録にふれて皆さんは何を思いましたか。事例1-1は、お弁当の準備が遅れたケイタが座りたかった席に座れず、保育者の取りなしにも応じずに泣いて自己主張した出来事でした。はじめに事例1-1のみを読んで思い描いた光景と、事例1-2から1-4の読後の光景は違ったものに見えてきていませんか。

　実際の出来事は1-1のように流れていきましたが、記録からは、保育行為の背景にありながら外からは推し量れなかったA先生の思いや考えが伝わ

ってくるでしょう。ケイタの思いを聞きノリコとの仲介をしたがうまくいかなかったこと、ケイタの意思の強さに驚いたこと、その意思を尊重したいが他の子を待たせてしまうのも避けたくて葛藤したこと、日頃のケイタの様子を思い起こし全体行動への強制を踏みとどまったこと、ケイタのこだわりには相応の思いがあると気づき応えたかったがどうしようもなかったこと、強い思いを主張できる一面をケイタの中に見つけ伸ばしてあげたいと思ったことなどが、飾らない言葉で表現されています。A先生が、ケイタの気持ちを再確認しつつ、そこに伴っていた自身の感情や思考をはっきり自覚していった様子がわかるでしょう。

　保育中に真剣に向き合っていたことごとも終わってしまえば過去形になり、記憶の中に埋もれていきます。その日の内に思い起こせば、個々の出来事が身体感覚を伴ったまま浮かび上がります。そこに身を置きその世界に再び入ると、そのとき感じ考えたあれこれがそのままに思い出されてきます。時を止めたり遡ったりして、ああそうだったとその体験を反芻しながら自身の保育を見つめ直すことができ、明確な記憶として残ります。


③保育を吟味する

　A先生は自身の思いを反芻した上で、今後の保育に向けた決意のような気持ちを述べています。

　ケイタの気持ちを受けとめ何とかしたいのに、結局どうにもならなかったことは、失敗や挫折ともいえる体験です。しかし、A先生にとってはそうはなりませんでした。うまくいかなかった体験も、当事者としての自分をもう一人の自分が眺めることで、渦中にあったときより冷静に見つめられるようになります。できなかった自分を責めるのではなく、そこを起点に今後の実践を考える余裕が生まれてくるのです。「焦りと戸惑いでうまく対応できなかったが、ケイタにもそのようなこだわりを通したい一面があったとわかり、もっと他の対応はなかったか考えていこうと思えた」という記述からは、A先生の前向きな気持ちがよく伝わってきます。自分の保育を自分で眺めるのは易しくはないのですが、振り返りを積み重ねるうちに、自分の保育を客観

的に見る目が養われ、今後の保育方針を見出せるようになっていきます。

# 2●振り返りの方法

## 2−1　振り返りと書くこと

　保育を振り返る過程には、嬉しいこともたくさんあります。

> ### 事例2●バンダナをはずしたい
>
> 4歳児クラス　5月
>
> 　レイジが立ち止まりうつむいて何かしている様子が視界の端にとまった。見るとマント代わりのバンダナを外したくなったらしく、思い切り引っ張っている。そばに寄って「とりたいの?」と聞くとうなずく。引っ張られ固くなった結び目は容易にはほどけない。「なかなかとれないわね」と声をかけながらようやくほどき、「やっととれました」とバンダナを外すと、レイジは顔を上げニコッとしてから仲間のところに戻っていった。

　レイジはおとなしく、日頃はほとんど保育者の手を必要としない子どもです。意識して見ていかないと、行動が捉えられないままになってしまいます。この日、レイジの様子に目をとめた保育者が手を貸すと、思いがけずレイジから嬉しそうな反応が返りました。保育後に思い返して、レイジと通じ合えた喜びが蘇りました。そして、レイジのように自分からは要求してこない子どもには、思いを察してさりげない関わりをしていくことが大切であり、子どもとの信頼関係を築く糸口になると確認できたのです。
　このような事例では、振り返りは保育者に今後の目標への示唆だけでなく、喜びや充実感をもたらし、またがんばろうと前向きな気持ちを生み出してくれます。

　よかったと思えることは励みになるのですが、うまくいかなかった思いの方が実は重たく心に響いていて、思い返したくないのに蘇ってくるものです。それゆえ経験の浅いうちは、できなかったことを振り返ること自体がつらくなります。どうすればよかったのか考えて方策が見つかるはずもなく、自分の中での堂々巡りで終わります。A先生も「どんな案があるのか、どんな言葉をかければいいのか、何も出てこなくて、何もできないままに終わって」、つらかったはずです。そういうときはどうすればいいのでしょう。

　まずは記録を書きましょう。思い起こしたことを見つめ、言語化していくのです。上手に書こうと思わないこと。大事なのは、そのとき目にした情景や湧き上がった感情に当てはまる言葉を探ることなのです。心に何か重たいものが残っていて、向き合う必要性を感じながらもためらわれるときもあるでしょう。そのときは無理をせず、書けることだけでも書き出してみましょう。記憶の中にしまわれても、向き合えなかったことは自身の事実として残ります。それを抱え続けるのは苦しいのですが、その後別の出来事に出会ったときに、「こういうことだったのか」と得心できることが出てきます。いまの出来事をきっかけにかつてのことが思い起こされ、いまと結びつき、そこに文脈が見えてくるからです。

　書くことは、自分のうちに収めていたものを、言葉という媒体を通して外に出すことです。表出されたものは対象化され、他者と共有できる事実となります。また、書くことによって抱えこんでいた思いを吐き出すことができ、気持ちが軽くなります。「そうだったんだ」と自身に共感したり、うまくいかなかったけれど精一杯がんばったと肯定的に捉えることもできるようになるでしょう。心に残ったことはできるだけ書く習慣を身につけてください。自分の手元で書き表すのであれば、他者には開示したくない思いや失敗も率直に表出できるかもしれません。それが苦手意識を克服する契機になることもあります。

　書くことに慣れたら、おのずと思い起こされる内容はどんなことかを振り返ってみましょう。自分が気になる子やことの傾向が見えてくるかもしれません。視野に入りにくい子どもの存在にも気づくでしょう。保育者を求めな

い子や何でも自分でこなそうとする子には目が向きにくく、記憶にも残らないことが多いものです。それがわかると意識的に目を配るようになり、その子に対する理解を深めて、新たな目標を導くこともできるでしょう。

## 2−2　振り返りと語ること

　振り返ったことを記憶の中にとどめておくためには、他者に語ることも役立ちます。例えば、同僚と共同作業をしながら、蘇ってくる今日の出来事について問わず語りで話すことには率直な気持ちが反映されるでしょう。必ずしも返事や肯定を期待して話すわけではなく、聞き手の存在がおのずと話したい気持ちを引き出してくれるからです。自分の中でモヤモヤしていたものが話すうちに整理され、そういうことだったと自分で納得できたりします。ときに「それはこういうことじゃない？」「そういえば前にこんなことがあった」などと相手から返ってくると、あいまいだった感情や思考が明確になったりします。気楽な雰囲気の中で、自分一人では思いつかない見方などの示唆を得ることができ、固まっていた心がほどかれていきます。他者の感性や考えにふれ、そこから学べるところに語ることのよさがあるのですが、それには保育者間の関係性が影響します。その関係性については次項で述べます。

## 2−3　振り返りと話し合うこと

　保育は生身の人同士が生活をともにつくっていくことで成り立ち、保育者の筋書き通りに展開するとは限りません。理解ができない、手立てが見つからない事態などはいくらでも起こりえます。特に経験が浅いうちはうまくいかないことの方が多く、苦く重たい思いは残ったままになります。A先生も当初はそうでした。

　そのような壁にぶつかったときは、保育を共有できる仲間との話し合いが有効です。実践例を基に保育者同士でそれぞれの感覚や考えを開示できれば、多様な見方や考え方にふれることができます。子どもたちの世界を捉えるときの視野が広がり、一人ひとりがいままでと違って見えてくることでしょう。

　保育者にも個性や得手不得手があり、保育目標を共有しているからといって、現場での感覚や動きまでが同じになるわけではありません。同じ場面でも、捉え方や反応の仕方にはその人らしさがおのずとにじみ出てきます。また、保育者一人が受けとめられる世界は必ずしも広いとはいえません。ひとくくりにできない子どもたちを自分の枠組みだけで理解し応答するのは困難です。さらに人と人との関わりにはその前提としての関係性があり、一人の子どもでも保育者が異なれば見せる顔は必ずしも同じではないのです。保育者がいままでの生き方の枠を超え、多様な子どもを理解し、適切な関わり方を柔軟に模索できるようになるために、他の保育者が実践から学んできたことにふれる機会は貴重です。自分の保育を直感的に振り返ったり、疑似体験として何かを感じ取ったりできるだけでなく、一人の人間としても幅が広がっていきます。これも保育者としての得がたい学びといえます。

　互いに学び合える話し合いをするには以下のような視点が必要です。

### ①保育者同士の関係性

　個性や技量、経験値の違いが多様であれば、話し合いは、互いの感覚や考えを突き合わせた広く深い話ができる場となります。けれども、経験の多寡が対等性を損なうことも出てきます。経験者は、保育者として自明と感じられる事柄を教えてあげたくなるものですが、経験が少ないからこそその新鮮な子どもの捉え方や応じ方もあるはずです。率直で有効な話し合いにするには、参加者同士が相手の立場や経験や人となりを尊重し、学び合うつもりで参加することが必要であり、前提となります。それが共有できれば初めのぎこちなさは次第に消えていくものです。保育者同士の関係性は、その日の出来事を互いに語り合う場合にもいえることです。

## 事例3　支度が進まない

4歳児クラス　6月

　降園前、Ａ先生から片付けの声がかかる。すぐにとりかかる子どももいれば、そのまま遊び続ける子、遊びをやめてふざけ合う子など、取り組み方はさまざまである。Ａ先生はあちこち動いて手を貸しながら子どもたちを促していくが、言われたことをこなすだけの子もいて、なかなか全体が片付くには至らない。早々と支度を終えた子どもたちは席に着いたまま待っている。他の子たちも片付けを終え支度を済ませて座り始めるが、おしゃべりに余念のない子どももいる。そんな中、まだ何か作っていたハルキはようやく片付けを始め、それから支度に取りかかった。他の子たちは座れば座ったでまたふざけたり、席取りでもめたりとかなりざわついていたが、Ａ先生が話を始めるとようやく落ち着いてきた。ハルキは何度かＡ先生に促されたのだが、他の子どもたちの様子にすぐに目が向くので支度がスムーズに進まず、補助の先生の手助けでようやく席に着き、やっと全員で帰りの挨拶ができた。

　話し合いで、補助の先生からこの事例が話題に出ました。「支度をさっさと済ませている子たちは、降園前の手遊びなどを楽しみに相当長い間待ち続けている。遊びを早く切り上げてじっと待っていただけ不満を感じることになる」というもので、他の保育者からいくつかの対応が提示されました。経験者の目からは、支度にはある程度の差が出るにしても、手早く済ませ期待をもって待っている子の気持ちが考慮されていないと映ったようです。

　新人のＡ先生の立場に立ってみましょう。この時期ではまだ一人ひとりのことをよくわかっているとはいえず、子どもとのつながりも希薄でしょう。子どもたちの緊張がようやくほぐれてきたものの、日々の流れに乗って生活をつくっていくだけで精一杯、自分の課題さえわからなかったかもしれません。確かに片付けに相当な時間がかかり、支度の時間差も大きかったので、

今後についての検討は必要でしょう。けれども、新人のＡ先生に経験者としての方策をいきなり伝えても困惑するでしょう。せっかくの提案も納得するには至らず、形だけの取り入れになりかねません。解決する場合もありますが、子どもや状況を理解して自分のやり方として取り入れるのは難しいでしょう。Ａ先生は、このとき何も言えずじまいでした。

　話し合いでは、当事者の感覚や考えを聞き取ることから始め、それを踏まえて保育者それぞれの考え方を提案していくことが必要です。その人に寄り添おうとすれば、同じ内容でも伝え方が変わり、当事者にも納得しやすいものになり、たとえ厳しい助言でも耳を傾けやすくなるでしょう。また、わからないことをわからないと率直に表明できる雰囲気も大事です。わからないことを出発点に改めて保育を見直すことができ、経験者にとってもあたりまえを問い直す場となるかもしれません。


③振り返りで視野を広げる

　話し合いによる振り返りから何を学び次の実践に生かすことができるのかを、事例3を基に考えてみましょう。


ａクラスの育ち

　Ａ先生のクラスは4歳で担任が変わりました。初めのうち、子どもたちはやりたいことはあるものの、新しい先生とどう接すればよいか測りかねているようでした。子ども同士もなかなかつながれないままに互いに様子を見たり、戸惑っている姿がそこここで見られました。一方、片付けや食事、帰りの支度などの生活習慣は3歳児のときとあまり変わらず、ほとんどの子が生真面目に取り組み、4、5月はスムーズにこなしていました。

　進級して2か月あまり、ようやく新しい環境にも慣れたようでそれぞれが自分を出し始め、自分のペースで生活し遊ぶようになったのがこの事例の頃です。バラバラだった子どもたちが帰りに集まると、大声でのおしゃべりやふざけ合いが始まり、小競り合いも起こって、自己発揮に伴う気持ちの高揚が見えてきていました。

## b 支度のペースの違い

　4歳児クラスといっても進級して間がなく、テキパキ動ける子と、ゆったり動く子が混在しています。手際よく動ける子どもたちは要領のよさに磨きがかかり支度も早く、3歳時にマイペースだった子どもたちは遅くなるといったように、行動の差が目立ってきていました。

　片付けの声がかかると早い子たちは間を置かず行動に移し、早々と椅子に座ってしまいます。直前までの遊びにも、片付けがなかなか進まない仲間の様子にも無頓着なようです。遅い子たちはまだ周りの状況にまでは目が向かず、片付けへの取り組みも進め方もゆっくりになるようでした。ハルキはやるべきことはしっかりこなすのですがマイペースで、自覚も希薄なように見えます。少しずつ興味の幅が広がって他の子の様子をじっと見ることが増え、それで支度の手がたびたび止まってしまったようでした。

## c 対応を考える

　早い子どもと遅い子どもの支度の時間差に注目すれば、遅い子が早い子を無用に待たせていると見え、解決策としては遅い子をせきたてるなどの対応が導き出されるかもしれません。一方、クラスの実情を上述のように捉えれば、クラスの一員という自覚がどちらの子どもたちにもまだ育っておらず、結果として早い遅いが出てきたと考えられるでしょう。大幅な時間差を遅い子どものせいと捉えるのではなく、子どもたちが個の意識を超えて仲間意識をもって行動できるように、それぞれをどう支えていくか探っていく必要が見えてくると思います。

　遅い子への圧力は、指示通りに動けない子どもを切り捨てることにつながりかねません。対応の仕方は、一人ひとりに応じて実践の中で考えていくべきでしょう。また、早い子はなぜすぐに片付けられるのでしょうか。取り組んでいた遊びに未練はないのか、とすればそれはなぜか、長く待つことはわかっているはずなのに手伝うこともせずただ座っているのはなぜかなど、早いことをよしとするのではなく、子どもの内面を捉えて関わっていくことが求められます。

　子どもの実態を踏まえた検討には、外側から見る目と内側からの目の両方が必要であり、一人では難しいことです。率直に語り合い、疑問をつき合わせて考える仲間がいるからこそできることであり、それぞれに学びをもたらすものとなるのです。

dクラスのその後

　A先生によれば、このクラスは「3学期になると、それまで男女別々で遊んでいたのがいろんな子どもが入り交じるようになり、鬼ごっこやリレーを楽しむ姿が見られ、片付けにもどんどん動いてくれるようになり、「タオル忘れているよ」「これ出しっぱなしだよ」と子ども同士で呼びかけ合うことが増えていった」そうです。地道に話し合いを重ね、手探りで方法を工夫していった結果といえるのではないでしょうか。

# 3●振り返りがもたらしてくれるもの

　保育は、「いま、ここ」に向き合うことの連続です。子どもや状況のいまを把握しながら応答していくわけですが、目前のいまはこれまでのいまの連なりの上にあり、この先のいまにつながっていくものです。日々の振り返りで得た知見は、意識の底に沈んではいてもしかるべきときに蘇り、保育の道筋をつけてくれることがあります。その実際について事例を基に考えていきましょう。

## 3-1　閉じこめられた体験から

### 事例4　閉じこめられる

5歳児クラス　12月半ば

　エミが保育室にいる私を呼びに来た。「いいから来てよ。早く、早く」とせきたてられて、私は廊下を走っていくエミの後を追い、遊戯室に急いだ。行っ

てみると、遊戯室の真ん中近くに、ワッフルブロックで細長い囲いのようなものができていた。「おうちなの。リョウコちゃんと作ったんだよ」「ずいぶん大きいのができたのね。玄関はどこかしら」「ここだよ」。

　エミはブロックの一部を指し示して外し、「入って!」と言った。私は一瞬躊躇し、思わず「入ってもいいの?」と言葉が出た。エミはそれには答えず、「いいから入って!」とたたみかけるように言う。その物言いに押されて、私は「おじゃまします」と狭い入り口から中に潜りこんだ。敷き詰められたブロックの上に座り何が始まるのかなと思った瞬間、エミは外したブロックを元に戻し「入った! 入った!」とはやし立てるように言った。そしてブロックの隙間から確かめるように私を眺めると、遊戯室から出ていってしまった。私はことの成り行きにびっくりし、「閉じこめられた」ことを悟った。

　座ったままじっと待ったがエミはなかなか現れない。何をしに行ったのだろう。私を閉じこめてどうするつもりなのだろう。私はむっとした気持ちになった。エミは少しの間のつもりかもしれないから戻るまでここにとどまろうか、保育室の焼絵も気になるから出てしまおうか、迷った末に立ち上がってみると、潜りこんだ囲いは思いのほか低く簡単に乗り越えられてしまった。入口にはまだエミの姿は見えない。2、3歩歩き出したところで、いつの間に戻ったのか背後からエミの声がした。「なんだ。もう出ちゃったの」。私は言葉につまった。とっさに出たのが「そう、出られちゃったの」だった。「なーんだ」もう一度エミはがっかりしたように言った。私は後ろを振り返ることができないまま、逃げるように遊戯室を後にした。

　事例4は私(筆者)が子どもに閉じこめられた経験の記録です。エミは私にとって気持ちの通じ合いが難しい子どもでした。3歳で入園後しばらくは母親と離れることを拒み続けました。母親が隙を見て帰ってしまうと火がついたように泣き、姿が見えないと地団駄を踏みます。「ママがいいー」と嫌がるエミをなんとか抱き上げ、興味を引きそうなものを探す日々を重ねまし

た。母親と離れられるようになると砂場で遊ぶことを好み、砂型でよく「ご
ちそう」を作るようになります。「先生なんかにあげないよ」と面と向かっ
て言われることがしばしばありましたが、2学期の初日、エミは砂場で「先
生に作ってあげるからね」と私にプリンを作ってくれました。その後もたび
たび「先生だけにあげるんだから」と作ってくれたのですが、「先生なんか
にあげないよ」と言い出す日もありました。5歳になってもエミは私への親
しみと拒否の間でまだ気持ちが揺れ動いているようでした。

　エミは私がブロックから出るとは思っていなかったようです。でも私は
「閉じこめられた」状態にとどまることができませんでした。エミの視線を
背中に感じながら保育室に急ぐ私の内に、出なければよかったという後悔と、
エミの気持ちを裏切ってしまったことへの申し訳のなさがじわっと広がって
いきました。

## 3−2　「いま、ここ」の一回性

　振り返ってみると、エミが私への肯定と否定の感情の間で揺れ動いていた
のに呼応して、私の気持ちも両極の間を行ったり来たりしてきたようです。
頼ってくるエミにはすっと応じられるのに反発されるとむっとしてしまうな
ど、どちらもエミの率直な気持ちの表明に違いないのに、反発は受けとめき
れずにきていました。エミは私を閉じこめる意図をもってあの「おうち」を
作ったのでしょう。なのに、私は「これがエミの望みなら」と応じることは
できなかったのです。エミの気持ちに添っていたらどんな展開になっていた
でしょう。でもそれを体験することはもうできないのです。

　エミはもう一度私を閉じこめてくれるだろうか。できるならもう一度閉じ
こめてほしいと私は願いました。卒園まであと3か月、もう一度というのは
到底かなえられない望みのように思われました。でも、もしそういうことが
あれば、どういう状況であっても、今度はエミの気持ちに添い、そこにとど
まろうと私は決心しました。

## 3-3 再び閉じこめられた体験から

### 事例5-1 再び閉じこめられる

5歳児クラス　2月半ば

　私が廊下のレストランに招かれていると、エミが遊戯室から走ってきた。「せんせー、来てー」。遊戯室には昨日までと同様、舞台と長椅子の間に板を渡した2階建ての家ができていた。2階は日替わりでお祭りやレストランの舞台になり、私も毎日客として招かれていた。今日はどうなるのかなと思っていると、エミは板の下を指し「ここに入って」と言った。私はエミが再び私を閉じこめようとしていると直感し、エミの意に従おうと覚悟を決めた。

　言われた通り私は狭い空間に仰向けに体を滑りこませたのだが、頭の一部が出てしまった。「ちょっと待って」と言うとエミは走って行った。用意していた積み木だけでは間に合わないと、頭上を塞ぐものを探しに行ったらしい。また出られたらと思っているのか、あわてている様子が感じられる。頭が全部隠れると、中は真っ暗になった。「やった！　やった！」というエミの声が聞こえてくる。今度は完全に閉じこめられてしまった。私は目を閉じた。静かで、一緒のはずの友だちの声も聞こえてこない。床を通して寒さが伝わってくる。程なく頭上でエミの声がして、明るくなった。「大丈夫？　いま出してあげるからね」。エミはせっせと積み木を動かして、上半身を出してくれた。私はゆっくりと体を起こして外に出た。

　遊戯室に行った時点では、私は閉じこめられるとは思っていませんでした。でもエミに声をかけられたとき、閉じこめられるとすぐに感じ取りました。覚悟はできていたので、その後は状況にただ身を任せていました。闇の中でも何の不安もなく、むしろ気持ちは澄んでいました。そして時間経過もよくわからないままに視界が突然明るくなり、私は解放されました。エミは私があまりにも素直に閉じこめられて戸惑ったのでしょう。中の様子は見えず、

何も聞こえてこなくて心配になり、思いのほか早く出してくれたようです。のぞきこんで「大丈夫？」と聞いてくれたエミの声には、優しさがこもっていました。

### 事例5−2 ●「先生も小学校に行こう」

　再び閉じこめられてから1週間、私はエミが素直に「はい」と言うのを初めて聞いた。いままでは何か頼むとニヤッと笑うだけのことが多く、諾否を知るにはその後の行動確認が必要であり、返事の「はい」にはいつも、「やればいいんでしょ」というニュアンスがこもっていた。

　卒園式の日、私は子どもたちを前に別れの挨拶をしていた。前の席にいたエミが、突然大声で叫んだ。「せんせー、先生も一緒に小学校に行こう」。

## 3−4　振り返りによる気づき

　閉じこめられ反発した体験の振り返りから、私は子どもに添うことの難しさと大切さを思い知らされました。機会を逃したら同じ体験はできないということも身をもって学びました。

　子どもは大人を信頼しきれないとき、さまざまに大人を試します。「こんな私でもあなたは受け入れることができるのか」と突きつけてくるのです。エミもおそらく何度も私を試してきたのでしょう。エミの強い自己主張に対し、「あなたの思いはわかるけど、でもね」と私が応答してきたことの数々のやりとりの奥の、「私を信頼して」というエミのメッセージを理解しないまま、保育者として振る舞ってきたのだと思います。卒園を目前にして、エミはその関係を乗り越えたくなったのかもしれません。対等な関係を求め、私を一時的にでも封じこめ支配する道として、閉じこめる遊びを考えたとはいえないでしょうか。それなのに、私は行為の表面だけを捉えてはねつけてしまったのです。でも、エミはあきらめずにもっと大仕掛けに私を閉じこめ

てくれました。

　閉じこめられると直感してから出られるまで、私はほとんど何も考えていなかったように思います。エミに言われるままに動き、冷たい床に寝そべる身体としてそこにあるだけになっていました。すると、エミの気持ちがすっと伝わってきました。頭が出て積み木を探しに行ったらしいエミを、「また出られたら大変と焦ってるのね」と素直に感じ取ることができました。このとき、エミはきっと、私に気兼ねなく自分の思いを遂げようとすることができたのでしょう。保育者を閉じこめるというのは、子どもにとって相当に思い切った挑戦でしょう。他の子どもであったなら、試みて果たせなければあきらめ、その後は保育者との間に距離を置くに違いありません。エミだからあきらめずに再挑戦し、同じ地平に立つものとして私を受け入れてくれました。間に合ってほんとうによかった。エミのおかげで、私は救われました。

## 3－5　振り返りが生きる

　事例5のような希有な体験をしてからも、子どもにむっとすることはその後幾度も経験しました。例えば、頼まれて私が描いたキャラクターのお面に、丁寧に色付けして完成させたように見えたフウマが、まじまじとお面を見つめ、「ここがいやだ。やり直したい」と言いに来ます。確かに、黒目の部分がわずかににじんではいます。しかし、降園前の片付けが始まり、複雑なお面をあらたに書き直す余裕がないことぐらいわかっているはずなのに、今日もまたなのと思った私は、「このぐらいなら大丈夫じゃない」と言ってみますが、フウマは聞く耳をもちません。こだわりや不満の多いフウマには、保育者として、もう少し柔軟になってほしい、周りにも目を向けてほしいと願ってきて、その気持ちが先立つのでしょう。こういうとき、ふっとエミとの体験が蘇り「こだわりを通したいのがいまのフウマなら付き合おう」と気持ちが切り替わります。「降園の多少の遅れはしかたがない。フウマに任せてみよう」と覚悟を決め、書き直して手渡すと、フウマもいつになく速いペースで作り上げて、帰り支度も終えました。この後フウマのこだわりは目立たなくなっていきました。

　保育者が子どもを信じて見守ると、子どもも安心してやり抜くことができるのでしょう。ふと気づくと、課題と感じられる状態から抜け出していることがあります。時には保育者としての願いも役割意識もいったん脇に置いて、無心にその子どもに寄り添うことが大事だと、私はエミに教えられていたのです。

　保育は一回性のものです。やり直しはできません。どんな経験であっても、振り返って学び実践で検証する反復があれば、それは今後の保育の糧になり、さらに、保育者としても一人の人としても成長できるのだと思います。

---

**演習課題**

**1**今朝起床してからこれまでの間の自分の行動や出来事を思い返してみましょう。

　・それらを順を追って書き出してください。（いつもの電車に乗り遅れて遅刻した、など）

　・書き出した行動や出来事の中からひとつ、できれば心に響いたことを選んでその状況を思い起こし、そのときの気持ちや浮かんだ思い、考えたことなどを、順序立てて具体的にこまやかに書き記してみましょう。（次の電車は急行なのでここには止まらない。今日は○○なので遅れるわけにはいかないのに。どうしよう…など）

　・振り返りの前と後とで感じ方や考えに変化はありましたか。気づいたことはありましたか。それはどんな内容ですか。

**2**保育の映像教材などを用いて子どもの思いを行動から読み取ってから、それぞれの考えを出して話し合いをしてみましょう。

　・自分の考えをきちんと表明できましたか。

　・他の人の話にしっかり耳を傾けられましたか。

　・話し合いから学んだことは何ですか。

# 第8章

# 保育者は子どもと
# 生活・遊びをつくる

## 1●子どもの生活をともにつくる

　保育の場で子どもたちは、それぞれが個として自分なりの生活を展開していきます。同時に誰もがクラス集団の一員として、互いに関わり合い影響し合いながら生活を紡いでいきます。保育者は、一人ひとりの子どもが自己発揮できるように配慮しつつ、一方で集団生活が心地よく流れていくように全体にも気を配っています。子どもたちとの集団生活にはさまざまなことが起こり、毎日が一様に穏やかに過ぎていくというわけにはなかなかいきません。保育者は常に子どもや状況に寄り添い、日々新たに子どもとともに生活をつくり続けていくことになります。

### 1−1　子ども集団の実際と保育者の意識

　本章では、保育者が子どもと生活をつくっていくその実態を、背後にある保育者の意識も含めて見ていきます。第7章までに学んだことを念頭に置きながら考えていきましょう。p.130からp.143に掲載したのは、3歳児クラス、入園して1か月後の連休が明け1週間程が経過した頃の観察記録と解説です。[1]

## 事例6 ● 入園以来のクラスの経過

3歳児クラス（男女各10名）　5月半ば

　母親から離れられず大泣きする子、何をしていいのかわからず戸惑う子もなく、それぞれがひっそりと遊具で遊ぶ、妙におとなしいクラスとして始まった。

　その中でユウは母親と離れることを拒み、母親がいればおとなしく遊んでいたが、2週間程して母親が朝「大丈夫と言っていますから」と姿を消した直後から、友だちをたたいたり、ものを投げたりし始めた。突発的に見える行動は予測ができず、保育者は安全確保のために部屋を出られない。園庭に行く子どもたちの様子を見ることもできなくなった。

　さらに、ユウに触発されたのか、コウタも同様なことを大人の目を盗むようにしてやりだした。保育者は室内の子どもたちに関わりながら、2人の行為にも目配りする日々が続いていた。そのうちコウタは外にも行くようになり、ダンゴムシとりに夢中になった。ユウは外に出られずにいたが、コウタの持ち帰ったダンゴムシに魅せられ、一緒に外で遊ぶようになった。園庭ではユウもコウタも楽しそうに過ごすのだが、室内だと手や足が出る。ほとんどの子どもがまだ新しい環境になじめずにいる時期であり、保育者は、遊び始めた子、保育者から離れられない子、泣かされる子、園庭に出たままの子などさまざまな子どもにそれぞれの対応を模索しながら、必死に関わっていた。

| | | 子どもの様子 | | 保育者の行為 |
|---|---|---|---|---|
| 9:13 | ユリコ | 先生に抱っこされている | | ①ユリコの衣類を袋に詰め引き出しにしまう |
| 9:15 | マユコ | 先生に髪をとかして結い直してもらう | | |
| | 男女5名 | 製作コーナーで思い思いにしゃべりながらマーカーで描いている | | |
| 9:18 | ヒカリ | 一人製作コーナーに残っている<br>周囲を見渡し「せんせー」と言う | | ②教卓の前で「はーい」と一瞬ヒカリを見る |
| | エリ | 水道で手を洗っている | | （積み木のところで）激しい水音に目を上げ「誰か水出しっ放し」と言い、エリに気づく③「エリちゃん、そこギューギューとやって止めて」…「そうそう」 |
| 9:21 | ミキ | 積み木が積んである上に上って部屋を見回す<br>先生の注意を聞いて下りる | | ままごとコーナーから④「ミキちゃん、そこ乗らない方がいいみたいよ、落ちるとこわいから」 |
| | ユリコ | 積み木の上に上る | | |
| | キミコ | 積み木の上に上る<br>ユリコと並んで立つ | | ⑤キミコを抱きおろす |
| 9:25 | ユウ | 庭の出入口から「せんせー、ちゃぼ行きたーい」と言う | | ⑥他児と話していて、ユウの声が聞こえない |
| | トモヤ | 部屋へ走って入り先生に「あ…ん…」と懸命に話そうとするがことばになっていない | | 足元のトモヤに気がつかない |
| | ユウ | 上ばきに履き替えて部屋に入り「せんせー、ちゃぼ行きたーい」…もう一度繰り返す | | 「ん？」<br>⑦「ああ、ちゃぼさんのことかな」<br>製作コーナーで女児たちを手伝い、なごやかに話をしている<br>⑧「メグちゃん、エリちゃんが好きなのよねえ、仲良ししたいのよねえ」 |

①朝は保育室入り口で保護者と子どもを迎える。子どもの心身の状態を見極め、保護者から手短に話を聞く。登園には時間差があるがどの子もしっかりと迎えたい。子どもが園に慣れないうちは特に、室内に気配りしつつ入り口にも注意を向け、すぐに出迎えられるようにしている。ユリコはまだ緊張がほぐれていない。この日もずっと保育室に入れない様子に、抱き上げて迎え入れた。大丈夫そうなので下ろし、受け取った着替えをしまった。

②一人ひとりがまだよくわからない。どの子にも応対したいが思うに任せない。せめて呼びかけには応えたい。ヒカリは保育所育ちで何でもこなせており、接点がもてずにいる。

③蛇口を回すことを知らない子どもが増えている。初めに手を取って教え、できない子にはその都度声かけをしている。「必要なものを必要なときに必要な分だけ使うこと」も伝えていきたい。

④収納してある積み木（滑りにくい）から飛び降りることをユウが始めて、他の子どもたちも上るようになった。おもしろいようだが、蹴った衝撃で崩れて、人やものにぶつかることがあるのでやめてほしい（のちに余裕が出てから積み木で階段を作り、飛び降りるのを楽しめるようにした）。

⑤子どもと保育者とのつながりがまだ浅く、また、3歳は言葉の理解が必ずしも十分ではないので、具体的な行動での理解を促した。

⑥どの子にも応答する努力はしているが、し損なっていることも多いのだろう。自覚ももちにくい。その可能性も考え、一人ひとりとどこかしらで出会えるように心がけてはいる。

トモヤはおっとりとしておとなしく視野に入りにくい。このときも気づかなかったようだ。

⑦ユウの頼みなので聞き届けてあげたい。いまのユウには園での楽しい体験が不可欠である。一方でアイスクリーム作りに楽しみを見出した子どもたちにも応えたい。ユカがお店（木製の屋台）を出してアイスクリーム屋を始め、アイスを作りたいと言い出した（㉖）。それに刺激された子どもたちにせがまれて始めたばかりである。できることは子どもに任せても手はかかる。ユウには気持ちは受けとめたとの応答しかできなかった。一段落

| | | 子どもの様子 | | 保育者の行為 |
|---|---|---|---|---|
| | ユウ タカシ | 庭の出入口付近でとっくみあい | | ⑨ユウに「お顔はいやよ」と声をかける |
| | | | | 「お友だちのお顔は大事よ。タカくん、お顔はいやって言ってる」 |
| | タカシ | 先生のことばを聞いて泣き出す | | 2人の方へ行き⑩タカシに「痛かったのねえ」と言いながら床に座る。「ごめんねえ」 |
| | | 先生の膝に顔を埋める | | |
| 9:31 | アキト | 水道で手を洗っている。水を出したまま立ち去ろうとする | | ユウの右手親指の付け根に絆創膏を貼りながら⑪「あーちゃん、お水止められるかな、グルグルーって」 |
| | | 先生の注意で水を止めに戻る | | |
| 9:35 | ユウ タクヤ | 庭の出入口付近でつかみ合う | | |
| | タクヤ | 泣いて先生のところへ行く | | ⑫部屋中央でタクヤを抱き上げる |
| | ユウ | タクヤの後から先生のところへ行くが、すぐ出入口に戻り、コウタに「コウくん泣かしたか、あの人」とタクヤを振り返って指さす | | |
| | コウタ | 床にタカシを組み伏せて「泣かしてない」と答える | | |
| | ユウ | 足元に寝ている状態のタカシの横腹を蹴る | | |
| | タカシ | 泣き出す | 9:37 | ⑬タカシが泣いているのに気づいて行く |
| | | | | 「あっ、ごめんなさいね」と、タカシに言う |
| | | | | ⑭「本当に強い人はお友だち泣かしたりしない」 |
| | | | | 床に座り、タカシ・ナオキ・コウタのケガに薬をつけたり、絆創膏を貼ったりする |

したら遅れを謝り、ユウを伴ってチャボに会いに行こうと思ってはいた。

⑧メグミはエリに関心があり笑いかけたりするのだが、エリはにこりともせず、嫌そうに顔をこわばらせる。朝の出会いでメグミがエリの顔をのぞき込み「おはよう」と言ったが、エリはむっとしたまま視線を合わせようともしなかった。メグミの気持ちを酌んでエリに伝えた。

⑨経緯は不明だが、顔をたたくのはやめてほしい。「だめ」という強い否定語ではなく、「いや」という言葉で保育者の思いを根気よく伝え、関係を維持しつつやめることを促していきたい。

⑩タカシの痛くていやだった思いを受けとめるとともに、保育者が謝ることでタカシをなぐさめた。ユウにもタカシの思いが伝わってほしい、悪いと思ったら謝れるようになってほしいとも願っていた。

⑪アキトは言葉での理解が不十分のようなので、動きも言葉にして伝えた。

⑫２人のつかみ合いには気づかなかった。泣き声で気づき、原因は不明だがユウの一方的な行為だろうと感じて、タクヤを抱き上げ言葉でなぐさめた。

⑬製作に関わっていてわからなかった。ユウの行為にさらされ続けるタカシの気持ちを思い、思わず謝ったようだ。タカシはまだ皆一緒の生活になじめずにいるように見える。子どもたちが遊んでいるところには近寄ろうとせず、庭への出入り口付近の空いたスペースに一人でいることが多い。床にごろんと寝そべって子どもたちの様子を見ていることもある。コウタは私が背を向けていることを承知の上でしているのだろう。だからといって常に２人に目配りし続けることはできないし、行為を止めればいいわけでもない。内部から発するのであろう衝動を自分自身で制御し解消できるように、その手立てを子どもとともに探っていくしかない。自分の行為が相手に苦痛を与えたとわかるように相手をなぐさめるのもひとつの道と思う。

⑭「やめて」の繰り返しだけではユウやコウタの行為はなかなか収まっていかない。２人の気持ちに響く言葉を探し届けていきたい。

| | 子どもの様子 | | | 保育者の行為 |
|---|---|---|---|---|
| 9:42 | コウタ | 庭の出入口から部屋を見ている | | コウタに近づきながら⑮「コウちゃん、昨日のダンゴムシはどうしたの。たくさん捕ったの」 |
| | | | | 「逃がしたよ」「袋は?」「持って帰った」「あ、それでなかったの」とにこやかに言う |
| | コウタ | 先生から袋を受け取り山へ走っていく | | コウタとタカシにビニール袋を渡す |
| | | | 9:47 | ブロック積み木を片付けながら⑯「先生お山に行ってきまーす」と言う。言ってからも片付けを続ける |
| | ミキ エリ | ままごとコーナーに上って遊んでいる | | ままごとコーナーの前の上履きを揃える |
| | | | | ミキ・エリに「先生お山に行ってきますよー」 |
| | | | | 引き出しの前で⑰「ヒロくん、いいのかな、この汽車」 |
| | | | 9:49 | 庭の出入口へ行く |
| | | | | ⑱「行ってきますよー」靴を履き替えて「行ってきまーす」 |
| 9:51 | ナオキ | 先生の後を追って部屋から出る | | ⑲ナオキの靴を履き替えさせる |
| | メグミ ユリコ | 小鳥（セキセイインコ）を見て話をしている | | ⑳出入口外側からのぞき「のどが渇いているからお水飲んでいるのね」と言う |
| | メグミ | 黙ってたたきへ下りる | | ㉑「メグちゃん、お外いーい?」メグミの靴の履き替えを少し手伝う |
| 9:52 | タクヤ | 外の水道でじょうろに水を汲んでいる | | ㉒タクヤに「反対」と声をかけ、そばに行く |
| | ナオキ | 先生と手をつないで一緒にいる | | |
| 9:53 | 隣組男児 | たたきで先生に熱心に話をする | | 姿勢を低くして話を聞く |
| | ナオキ | 先生のお尻を山方向へ押す | | |

⑮コウタは昨日ダンゴムシをたくさん捕って袋に入れていたが、帰り際には虫も袋も持っていなかった。どうしたのか尋ねそこなったので聞いている。ダンゴムシは帰り際に放す子どもも出てきているが、コウタはまだ持って帰ることもある。虫は放したのか、袋（記名済み）はどうしたのか、生き物の扱いやものの始末がきちんとできるようになってほしいので尋ね、虫は逃がし袋は持って帰ったと知り一安心している。

⑯子どもたちがそれなりに遊ぶようになってきた。目の前のことに夢中で、振り向いたら先生がいないという状況は子どもによっては不安を感じるだろう。「行きますよ」と告げれば、一緒がいいと思う子はついてきてくれるし、ここでいいと思う子はとどまるだろう。十分に慣れていない時期には安心感を大事にしたい。

⑰ヒロキは登園すると誰も使っていなければ汽車と線路で遊び始め、ひとしきり遊んで次の遊びに移っていく。この場所は出入り口に近く、残されたままの遊具は通行の妨げになる。本人に一応確認して隅に寄せ、通りやすくした。

⑱（上記⑯の解説を参照）

⑲履き込みが深い靴は3歳児には脱ぎ履きに手間取ることが多く、せっかちな子どもはかかとを踏んでしまう。手伝いながらきちんとした履き方を感覚的にも身につけてもらいたいと願うとともに、こまやかに世話をすることで、関係づくりもしていきたい。

⑳2人が興味深げにインコを見ているので、外に出ていく前に声をかけた。自分たちの世界を保育者が共有してくれていると思えることは安心感につながるだろう。子どもが自分の思考や感情、状況などを言語化するにはモデルが必要であり、そのための言葉かけでもある。

㉑保育者のそばにいて安定していると見える子どもには、さらに個別に声をかけ、本人の意思を確認している（⑯⑱参照）。

㉒水は出せるが止めずに立ち去る子が多い。様子を確認し止め方を具体的に伝えるようにしている。タクヤは反対側に回して止めようとしていた。

| | | 子どもの様子 | | | 保育者の行為 |
|---|---|---|---|---|---|
| 9:54 | マユコ | 園庭への出入口の階段に腰かけ靴を脱いでいる | | | ㉓マユコを手伝う |
| | | | | | 脱げると「じゃあ取り替えっこしましょう」と脱いだ靴を持って部屋に入る |
| | タクヤ | 先生に誘われ部屋に入る | | | タクヤに「タクヤくん、靴下新しいの履きましょ」と誘う |
| | ナオキ | 黙って庭に残る | | | ㉔「ナオキくん、ごめんなさいね、先生またお部屋になっちゃったから」とナオキに伝える |
| 9:56 | マユコ | 先生に手伝ってもらって靴下を替え、部屋の下駄箱から靴を出し入れし始める | | | |
| 9:57 | タクヤ | 先生に手伝ってもらって靴下を替え、ブロックを手にする | | | ㉕「お顔気をつけてね。仲良しで遊びたかったけど、ちょっと間違えちゃった」と声をかける |
| | | そばにいたタカシのブロックが顔に当たりべそをかく | | | |
| | | | | 9:58 | 製作コーナーとままごとコーナーの間に出ていた㉖お店を元の位置に戻す。お店に広げてあった大きな紙（油性ペンのしみ出しを防ぐ）をたたんで片付ける |
| | | | | 10:00 | マユコのところに行き一緒にサイズの合う靴を探す |
| | マユコ | （靴がぬれて取り替えるため）靴を履いてみている | | | 「これは？」（マユコ、履いてみる）「ちょっと大きい？ブカブカね」（マユコ、青い靴を履いてみる）「それしかないみたい、ちっちゃい靴」 |
| | ミキ エリ | 積み木付近で踊っている | | | ㉗ミキ・エリに「上手ね。舞台から落ちないように気をつけてね」と声をかける |

㉓砂場で遊んで靴をぬらしたので取り替えを促した。ぬれた靴も靴下も足に張りつき脱ぎにくそうなので手伝う。湿り気の残る足に靴下を履くのは案外手間がかかり、3歳児ではいいかげんに済ませてしまう子がいる。手伝って気持ちよく過ごせるようにしている。

㉔ナオキは園になかなか慣れず、室内では保育者に手をつなぐことを求め一緒に移動することが多かった。たまたま保育者と外に行ったのが楽しかったらしく、それから毎日外に行きたがるが、保育室を離れられない事態が頻発し応えきれずにいた。保育者のお尻を押しての催促（9：53の様子）はわかっていたが、やはり行かれなくなった。間際にがっかりさせるより早めに伝えた方がよいのではないかと思い、状況を伝え謝っている。いつもは一緒に部屋に戻るのにこの日は戻らず、その後どうしたのか気がかりだったが、帰り間際に他の先生に靴を履き替えさせてもらっているのが目に入り、保育者がいなくとも遊べたと安心している。

㉕タカシは意図してやったわけではない。ユウやコウタにたたかれることの多いタクヤの気持ちを思い、はずみでぶつけただけのタカシの気持ちも酌んでの言葉かけをしている。

㉖5歳児のお店でアイスクリームを買ってからアイスクリーム屋をしたい子どもが出てきた。作ることにまだ手をかけられないのでアイスは作っておき、子どもたちなりに売り買いが楽しめるようにしてきたが、それだけでは飽き足らなくなったらしい。ユカがアイスを作りたいと言い出した。あれこれ手を取られる時期に始めれば、他への注意がおろそかになる。でも、生まれかかっている遊びも大事に育て、遊びをつくるおもしろさも体験してほしい。いまは無理として意欲をそぐことへのためらいもあって、何とかしてみることにした。ユカはおもしろそうなことに飛びつくがあまり長続きしない。今日もある程度で止めて園庭に出ていき、その後ひとしきり、他の子どもたちがお店の台でアイスの売り買いを楽しんでいた。誰もいなくなったのを見計らい合間に片付けた。状況に応じて環境を整えると、遊びの展開が変わったり、新たな遊びが生まれることがある。

㉗楽しそうに踊っているので、続くような声かけをしてみた。先程までの遊

| | | 子どもの様子 | | 保育者の行為 |
|---|---|---|---|---|
| | ヒロキ | 積み木遊びを始める。舞台を他のものに見立てて思うように作ろうとする | 10:02 | ㉘「じゃあ舞台を作ってあげましょうか」と言い積み木を平らに敷き詰め始める |
| | | | | 「ヒロくん、ここバレエの舞台なの」と伝える |
| | | | | 「ヒロくん、ここ踊るところなの。ごめんね、他のところで作って」 |
| | | | 10:07 | ㉙庭の出入口に散乱している靴を揃える |
| 10:08 | ユウ | 先生とトイレに行く | | |
| | | | 10:11 | トイレから部屋に戻る |
| | | | | ダンゴムシを入れたビニール袋を2つ手に持っている |
| | | | 10:12 | 庭の出入口外でトモヤの鼻血をティッシュで拭きとる |
| 10:14 | ミキ | 舞台の上で寝ている | | |
| | キミコ | ミキの隣でコップを持って座っている | | 庭の出入口からキミコに歩み寄る。㉚「お部屋でお水はいや」とコップを受け取り「どうしたの?」と尋ねる |
| | | 泣き出す | | |
| | | 「バレリーナが死んじゃったの」 | | ポケットからタオルを取り出しキミコの涙をふく |
| | | 機嫌を直し笑顔になる | | |
| 10:16 | コウタ ユウ | 教卓で先生に剣を作ってもらう | | ㉛㉜作り終えた剣をコウタ・ユウに渡す |
| | | できあがるまでじっと見ている | | ㉝「他のお友だちにも先生作ってあげなくちゃ」と同じ紙を数枚引き出しから取り出す |
| 10:22 | カズト | 個人用引き出しの前で着替えている | | ㉞「カズくん、ぬれちゃった?」と手伝う |
| 10:27 | コウタ ユウ | 剣でトラブル | | ㉟「そういうことをする人は…」と2本の剣を両手で取り上げようとする |
| | | 2人は剣を離さない | | |

138

びのまま折り重なったりしている積み木の上で踊っているので危なっかし
く、でも整える余裕はないので、気をつけるよう促した。

㉘舞台らしくした方が危なくないし気分も乗ると思い、手が空いた隙に並べ
替え始めると、ヒロキはそれに誘われて家を作りたくなったらしい。気持
ちはわかるが場所を考えてほしい。ヒロキは頑固に自分を通そうとすると
ころがある。自分のしたいことを極めるのも大事だが、周りにも少し目を
向けてほしい。

㉙子どもは気持ちが先走りしやすい。早く部屋に入りたくて脱いだ靴が散乱
する。それを繰り返し目にすると、子どもたちにとってその状態があたり
まえになるだろう。きちんとした生活の仕方を身につけてもらうために、
まずは保育者がモデルを提示し、子どもにそれをあたりまえとして取り込
んでもらいたい。その上で、必要なら言葉で伝えたい。

㉚キミコの泣き声で気づいたがいきさつはわからない。訳を聞くと「バレリ
ーナが死んじゃったの」と言う。ミキが床に寝た意図は不明だが、キミコ
がそれを「死んじゃった」と捉えているなら、遊びが続くよう働きかけた
い。ミキは自分のやりたいことに突き進む子なのだが、このときは寝そべ
ったまま動かず、キミコの遊びのイメージを受け入れているようにも見え
た。ならばごっこの世界で互いに楽しめるといい。そこで「特別なお薬作
ってきてあげるわね」と言いながら、ままごとコーナーでコップの中身を
スプーンでかき混ぜるふりをしてみた。「お薬ができました」と差し出す
と、キミコはコップを素直に受け取り薬を飲ませる真似をした。「大丈夫
かなぁ、とってもいいお薬だけど」とつぶやくと、ミキが目を開け応じて
くれ、イメージを共有したやりとりができた（記録にはない）。

㉛せがまれて何か作り始めると、そこからもの作りを頼まれるようになる。
ものは買うのではなく作ることができるとわかるらしい。3歳児はまだ思
うように作れないので要求を聞き取り作ってあげることが多い。そういう
とき、子どもたちは真剣に保育者の手元を見ている。長じて自分で作れる
ことを願って、身近な材料でそれぞれの力量に合わせて目の前で作る。子
どもが手をかけられる余地は残し、自分で作った満足感にもつなげたい。

| | | 子どもの様子 | | 保育者の行為 |
|---|---|---|---|---|
| | | | | 2人のエプロンを脱がせ引き出しにしまいながら「真似っこしてねえ、ユウくん、ほんとにたたいちゃいやよ」 |
| 10:30 | ミキ | 床に寝ている | | |
| | エリ | ミキの口にコップの水をスプーンであてがっている | | ㊱「エリちゃん、ほんとのお水はいやよ。真似っこ、真似っこ」と言い、コップを受け取り水を捨てる |
| | | | 10:32 | ㊲積み木付近で「そろそろお片付けなんでーす。お外片付けてきますね」 |
| | | 舞台がメチャメチャに壊れている | 10:33 | 庭の出入口から「あー舞台が壊れちゃった」と言う |
| | ミキ | 先生が声をかけてくれたので「壊しちゃったー」と訴えに行く | | |
| | | | | 舞台のところへ行って「コウちゃん、ユウくん、ここバレエの大事な舞台なの。壊れちゃったらもう踊れない。バレリーナさん悲しいな」と言う |
| | マユコ ヒカリ ヒロキ | 舞台を作り直している | | |
| | | マユコ・ヒロキが積み木を取り合い、マユコが泣く | | 庭への出入口内で「誰か泣いてる?」。マユコを見つけて近寄りなだめる |
| | | | 10:37 | 「皆さん、もうお片付けなんです。せっかく舞台が直ってるけど、バレリーナさんまた明日踊りましょう」 |
| | | | 10:40 | 「あーちゃん、それ線路、かごに入れましょう」 |
| | ミキ キミコ ヒカリ ユリコ | ままごとコーナーに上がって遊んでいる | | 「おなべこわれちゃうかもしれないね。トントンしたら」と積み木のところからままごとコーナーのユリコに向かって言う |

小道具はできるだけ手作りしたいし、作る楽しさも味わってほしい。年長になれば大道具も一緒に作れるようになる。

㉜コウタは「コウくん一番」と言い張り、他の子を押しのけてでも一番にこだわる。後先にこだわってほしくないので、手早く2本を作ってから「お友だちをたたかないでね」と2人に同時に手渡した。剣は他者をたたくものとしてではなく、遊びに必要な道具として大事に使ってもらえるように、記名し、彩色を促し、壊れたら何度でも直す。うまく制御できない時期は、剣先は尖らせず短めに作る。使いこなすうち戦いごっこができるようになることが多い。

㉝ユウが友だちをたたいて嫌がられ、むやみに泣くようになった時期がある。その頃に剣が2つほしいと言われ、剣はまだ早いと考えていたが、あまりにもユウの調子が悪いのでやむなく2本作り渡したことがあった。それを覚えていたユウはこの日も2本と言い張り、コウタも同調した。現状でそれぞれが2本は怖い。そこで「他のお友だちにも作ってあげなくちゃ」とさりげなくかわし、1本ずつ同時に渡した。

㉞カズトは登園するとすぐ外に出てあまり部屋に戻らない。また、雑ではあるが何でもこなせるので関わりがもてずにいた。着替えは「世話をする」関わりのチャンスでもある。カズトが嫌がらないので、声をかけながらいつも以上に丁寧に手伝った。世話はやき方次第で子どもとの距離が縮まる。

㉟案じながら剣を差し出したのだが、手渡した途端に2人のたたき合いが始まった。剣に誘われたのであろうが、念を押したにもかかわらず相手をたたき、それがエスカレートしていく様子を見て、剣を取り上げるしかないと思った。だが2人とも頑固に手放さなかった。剣がなくとも誰かを直接たたく行為はまだやめられないだろう。たたきたい衝動を多少なりとも昇華できるよう戦うふりへの転換を促せたら、友だちをたたく行為自体を抑制できるかもしれないとの淡い期待もあって、そのまま様子を見守った。

㊱エリはキミコと保育者のやりとりを見て真似したようだ。コップをスプーンでかき回してからミキに飲ませようとしていた（記録なし）。水は使わず、ふりを促した。子どもは保育者や他の子どもの様子を実によく見ている。

| | | 子どもの様子 | | | 保育者の行為 |
|---|---|---|---|---|---|
| 10:43 | キミコ ヒロキ | ままごとコーナーでトラブル | | | ㊳「ヒロくんはキミコちゃんが好きなのね。でもいやだって」と積み木のところから言う |
| | | キミコがいやがっている | | | 電車を集めてかごに入れ「お手洗い行きたい人いませんかー？」 |
| | | | | | エリに「行く？」と尋ねる |
| | | | | | 「お手洗い行きたい人いませんか？ じゃあ行ってきますよー」と、エリの手を引いて行く |
| | エリ | 先生と手をつないでトイレに行く | | | |
| | | | | | トイレから部屋に戻る |
| 10:51 | エリ | 先生よりやや遅れて部屋に戻る | | 10:51 | ㊴部屋に入ってきたエリの頭に手を置き、「おかえりなさーい」と言う |
| | ヒロキ | タオル掛けの横でキミコの顔にままごとの布団をかける | | 10:55 | 円形に並べたイスの中央に座ろうとする。が、キミコの声でタオル掛けの方へ行く |
| | キミコ | 「やめて！」 | | | 「ヒロくん、やだって」と布団を片付ける |
| | ヒロキ | 先生に叱られイスに座って恨めしそうに先生をにらむ | | | ㊵ヒロキを吊り上げて「やめて！お友だちがいやがっているからやめて」と少々声を荒げる |
| | | | | 11:04 | ㊶タオルを丸めて輪ゴムでとめ一人ひとりに返す |
| | | | | 11:08 | 「この前雨が降っちゃって遠足に行けなかったでしょう。明日もし雨が降っていなかったら遠足行きましょうねえ。さようなら」 |

魅力的なふりは遊びのモデルになる。

㊲降園の時間が近づき砂場を片付ける必要があるが、誰も遊んでいないので保育者が始末してこなければならない。室内で遊んでいる子どもたちには早かったが、そろそろ遊びを終えられるよう促したいのと部屋を留守にすると知らせるためにやむを得ず「片付け」と言ったら、案の定積み木を壊し始めてしまった。積み木は積むのも壊すのもおもしろいらしく、子どもが遊んでいてもかまわず壊す子が出てくる。ここでは結局積み木の取り合いが始まって、砂場の片付けには目をつぶるしかなかった。

㊳ヒロキはキミコに関心があり、ときどきちょっかいを出す。帰り際は特にやりたくなるらしい。キミコが嫌がってもお構いなし。ヒロキの好意から来る行動なのでそれをキミコに伝えるとともに、ヒロキには相手の気持ちに少しでも気付けるようキミコの気持を伝えている。

㊴トイレは保育室と少し離れている。エリにはまだ不安定なところがあり、ついていてあげたい。でも帰り際の保育室は留守にすると何が起こるか、かなり心配である。エリが手を洗い始めたとき「先生、先にお部屋に帰るわね」とエリをおいてきてしまったので、帰ってきたときには受けとめてあげたかった。

㊵この日何度目かのヒロキの度が過ぎたちょっかいに、さすがに語調荒く制止したようだ。吊り上げたことは記録を見るまで意識になかった。

㊶個人持ちのタオルを持ち帰ってもらうのだが、きちんとたたんで渡しても、カバンに入れずにぶらぶらさせたり友だちをたたいたりする子どもが出る。ものは丁寧に扱ってほしいので、丸めてゴムで止めてから手渡している。

## 1−2　子どもとともに生活をつくるということ

　保育者は不安定な子どもに気を配りながらも、水道の使い方を伝えたり、着替えの世話をしたり、子ども同士を取り持ったり、危ない行為を制止したり、環境を整えたり、遊びに手を貸したりなど、さまざまな視点から次々に子どもたちと関わっていることが読み取れたでしょう。

　どの子もこれまでの生育環境の影響を背負っており、この場にすぐに適応

できるわけではありません。その子のいまのありようを受けとめつつ、生活を通してここが安心して過ごせる場となるように、一人ひとりに肯定的に関わっていきたいと願ってのことです。例えば、乱暴するからとその子を置き去りにしたくはありません。行為は否定しつつ、そうしたくなる気持ちは受けとめたい、その上でその子なりに自己調整する道を一緒に探していきたいのです。そうした関わりを、周りの子どもたちは知らん顔をしているようで、我が事として見ています。制止にあっても気持ちは受けとめてもらえる関係として認知されるのでしょう、子どもは必要以上に大人の意向を気にしなくなり、自分の意思で動くようになっていきます。

　よりよい生活をしていくには、生活自体を整えるだけではなく周りと調和しながら生きていくという面も欠かせません。たとえ自分の意思にそぐわなくとも、周囲と折り合わなければならないときがあります。園生活でも、これまで見てきたように、子どもの思い通りにいかないことはさまざま起こり、保育者はその都度、人やものや状況を勘案し、子どもとともによりよい道を探ってきています。その過程を共有することで、子どもも環境に合わせて自己調整する必要と方法を学び取ってくれるのです。

　その子がその子らしく生活できること、そして存分に遊べることは保育の前提であり、保育者は、そういう生活を子どもたちとともにつくっていくのです。

# 2● 子どもとともに遊びをつくる

## 2-1　子どもにとっての遊びの意味

　事例6（pp.129-143）では年齢と時期の関係上、保育者は、一人ひとりの子どもが自己発揮でき、集団生活が心地よく流れていくよう注力していますが、バレエの舞台を作ったり、薬を作るふりをしたり、戦いごっこへの昇華を促したりなど、遊びを広げる関わりも見られます。子どもの遊びは、その過程に多様な自発的学びを含みます。例えば、作ることであれば、ものの扱

いや技能に習熟するだけでなく、さまざまな素材の性質を知っていきます。友だちと遊ぶのであれば、自分の考えに相手の思いを重ね合わせる必要から、コミュニケーションのとり方、折り合いのつけ方を学びます。身体を使う遊びには、身体を自在に動かせるよう自分なりに地道に努力する必要も出てくるでしょう。さらに、わからないことやできないことに挑戦する過程から、その子なりの「学び方」をも身につけていきます。遊びの中で課題を見つけて解決するのはその子であり、極めるのもその子自身です。保育者にできるのは、その子が学び方を身につけていくための援助ともいえるでしょう。

## 2−2　子どもとともに遊びをつくるということ

　子どもは生活の安定とともにそこここで遊び始めるようになりますが、興味が続かず飽きて尻すぼみになることも出てきます。遊び込めるようにするには、保育者の助力も必要になってきます。日頃から遊びの様子に目配りしておきましょう。保育者の役割は脇に置いて、何がしたいのか、何がおもしろいのかと子どもの身になって見ていくと、子どもの気持ちが見えるようになります。お客に来てほしいんだね、この恐竜のここが気に入ったのね、など子どもの思いやイメージが見えてきて、入れ物を作って売り歩くのはどうか、ここが立つように作ったらどうかといった案が思い浮かびます。提案が子どもの意に沿わないようであれば、そこからまた一緒に考えていきましょう。力が及ばないところを見極めた適切な後押しがあれば、子ども自身でさらに遊びを深めることができます。保育者の考えの押しつけにならないよう、子どものイメージを聴き取り、ともに工夫していくことが遊びを深めます。

## 事例7　富士山みたい［B先生の記録から］

4歳児クラス　6月

（この頃、A先生のクラスの子どもたちは、先生とも子ども同士ともしっくりとつながれずに、遊びも散漫になりがちであった。ある日、砂場に何人かが一緒にいるのが目に入り、珍しいメンバーたちが何をしているのだろうと気になって、近づいて様子を見ていた）。

シゲキが小さい山に小さなシャベルで砂をかけている。周りでは、バケツに砂を入れている子、小さなシャベルで穴を掘っている子など数人がそれぞれに遊んでいるようだが、言葉を交わすわけでもなく動きがバラバラで、何かを共有している様子は見えてこない。それぞれなりに意図があるのかもしれないが見ているだけではわからなかった。

困惑しながらも何かできないだろうかと考えているうちに、シゲキが気乗りしない様子で砂をかけていた山が徐々に高く山らしくなってきて、富士山に見えてきた。「富士山」を知っているかな、空振りになるかなとためらいながらも試しに、「富士山みたいになってきたわね」とつぶやいてみると、シゲキが「富士山なんだよ」とはっきりと応答して、せっせと砂をかけ始めた。周りにいた子どもたちも急に山に注目し始め、そばに寄って砂をかける子が出てきた。小ぶりな山にはたくさんの手はいらないので、他の子どもたちは頂上に乗せるものを探しに行ったり、八合目あたりに何かつけようしたりと何とはなし一緒になっての「富士山作り」が動き出し、子ども同士共同しての遊びがしばらく続いた。

この事例では、バラバラだった子どもたちのイメージが「富士山」という言葉で確かなものとなり、遊びが共有され展開していったと思われます。つながるきっかけを子どもたちも求めていたのかもしれませんが、あまりの急展開に見ている保育者の方が驚いたほどでした。遊びは、ちょっとしたヒントの提示で深まることがあります。また、気持ちが安定しないと本気で遊べ

ないものですが、何かを契機に遊びにのめり込むと、子どもの葛藤やこだわりがほどかれていくことがあります。遊び込む経験にはおのずと子どもの意識を変える力があります。

## 2-3　保育者は子どもの伴走者

　生活も遊びも主体は子どもにあり、子どもには子どもの世界があります。保育者はあくまでもその伴走者でありたいと思います。寄り添いながらともに走ってくれる人がいるから、子どもは安心して思うように走れるのです。充実した生活から豊かな遊びが生まれ、遊びが充実すると生活が整っていきます。子どもがその子らしく生活し遊びに打ち込めるように、保育者には、考えながら行為し行為しながら考えること、保育を振り返って今後を見通していくことの繰り返しが常に求められるのですが、その先には、さまざまな子どもたちに出会いともに過ごしてきたからこそ味わえる、他者と人生を重ね合わせることができた何事にも代えがたい深い喜びが待っているのだと思います。

＊　　　＊　　　＊　　　＊

**注**

1）観察記録（「子どもの様子」「保育者の行為」）は守隨香氏によるものです（一部改変）。記録に登場する保育者は、筆者自身です。なお、解説の中には観察記録にない記述もありますが、守隨氏と筆者との話し合いの逐語記録から起こした内容です。

**演習課題**

**1** 子どもは保育者をよく見てその行動を取り込んでいきます。一日の生活を思い起こして、人との関わり、ものの扱いなど自分のふるまいは子どものモデルとしてふさわしいか振り返ってみましょう。意識をもつことで行動は変えられます。変えたいことはどんなところですか。どう変えたいですか。具体的に書きましょう。

**2** 他者とコミュニケーションをとるときの言葉の使い方を振り返ってみましょう。相手にわかるような伝え方をしていますか。相手が子どもだったらと考えて、言葉を選び、口調を考えて伝える練習をしてみましょう。保育者と子どもの役割をとって、ロールプレイをしてみるのもいいでしょう。

第Ⅲ部

# 組織としての
# 成長

# 第9章

# 保育の場をつくり上げる多様な役割

　保育の場では保育者が協力し合いながらよりよい園環境を構成して子どもの命を守り、その育ちを支えています。現在の保育施設は多様ですが、[1]いずれの場においても、クラス運営・園全体の運営への参与は保育者の重要な役割のひとつです。組織づくりや園務分担などの具体的な方法は各園に任されており、人的・物的条件、家庭や地域の保育ニーズ、子どもの実情に合わせて工夫されます。

　幼稚園教育要領総則には「各幼稚園においては、園長の方針の下に、園務分掌に基づき教職員が適切に役割を分担しつつ、相互に連携しながら、教育課程や指導の改善を図るものとする」(第1章総則-第6幼稚園運営上の留意事項-1) とあり、保育所保育指針、幼保連携型認定こども園教育・保育要領にも同様の記述があります。[2]保育者には、自分が責任をもって保育にあたるという自覚だけではなく、「保育者同士で」「園全体で」保育をするという意識が必要なのです。

　保育者の専門性の向上は、同僚との学び合いによるところが大きいといえます。この章では、保育現場での協力体制としての役割分担、流動的な仕事の担い方、子どもの要求や遊びへの援助における協働について、また、そうした協働による保育を実現していくために重要な「同僚性」についての理解を進めます。

# 1●園の協力体制

## 1－1　園組織に対する役割

　保育施設の経営・運営の方針は設置者（自治体や法人など）や園長によって決められますが、園環境の整備や園全体の活動などについては保育者が計画し運用していきます。園長などを中心に保育者とその他の職員が園務を分担し、実践の仕方を共有することによって日々の保育の見通しが立ち安定性が保たれます。役割分担の仕方は園によって異なりますが、例えばB保育園は表9－1のような職務担当表を作っています。各保育者が、園運営に関わる役割、クラス運営に関わる役割、園全体の活動に関わる役割など複数の職務を担っており、保育者同士の連携のもとで保育が運営されていることが読み取れるでしょう。

　互いに園運営の一端を担うことによって組織の一員としての自覚をもち、責任の所在が明確になるとともに、役割を通して子どもに関する情報や保育のアイディアを出し合うことができます。全体的な計画・教育課程の作成、カリキュラム・マネジメントへの主体的参加の契機にもなります。

## 1－2　クラス組織における役割

　施設の種別や子どもの年齢によって、クラス所属の保育者の人数や役割は異なります。

［例］1人担任：主担任＋補助（主担任＋学年または全体のフリー）

　　　2人担任：2人担任＋補助（2人担任＋学年または全体のフリー）

　　　3人担任：主担任交替制（3人担任＋学年または全体のフリー）

　担任は主に次のような職務を担っています（複数担任の場合は協力・分担）。

・指導計画（長期の指導計画〔年間計画、期案または月案〕／短期の指導計画〔週案または日案〕）の作成、実践、評価。

・個人記録（個人の成長に関する詳細な記録）の作成。年度末にまとめて提

表9-1　B保育園の園務分担例

| 組 | 保育士 | 職務担当 | 行事係 |
|---|---|---|---|
| にじ | A先生 | 5歳児クラス担任／安全対策／職員のロッカー管理／高齢者施設との交流 | 芋掘り |
| そら | B先生 | 4歳児クラス担任／保健衛生／食育・アレルギー対応／栽培 | お遊戯会／お別れ会／卒園式 |
| ほし | C先生 | 3歳児クラス担任リーダー | 運動会／節分 |
| ほし | D先生 | 3歳児クラス担任／保健衛生 | |
| ゆき | E先生 | 2歳児クラス担任リーダー／苦情受付／安全対策 | 行事総括／消防立会訓練 |
| ゆき | F先生 | 2歳児クラス担任／安全対策／職員のロッカー管理／行事等の歌の選定・伴奏 | 運動会／七夕笹／卒園式／芋掘り |
| ゆき | G先生 | 2歳児クラス担任／親睦会／行事等の歌の選定・伴奏 | お遊戯会／お別れ会 |
| つき | H先生 | 1歳児クラス担任リーダー／保健衛生／シフト・教材／行事等の歌の選定・伴奏 | 運動会／入園式／卒園式 |
| つき | I先生 | 1歳児クラス担任／地域子育て支援／栽培 | お遊戯会 |
| つき | J先生 | 1歳児クラス担任／地域子育て支援（広場）／行事等の歌の選定・伴奏 | 運動会 |
| つき | K先生 | 1歳児クラス担任／絵本購入・管理 | お遊戯会 |
| はな | L先生 | 0歳児クラス担任リーダー／親睦会／地域子育て支援（広場）／食育・アレルギー対応 | 運動会 |
| はな | M先生 | 0歳児クラス担任／布おむつ（レンタル）管理／絵本購入・管理／地域子育て支援 | お遊戯会 |
| はな | N先生 | 0歳児クラス担任／布おむつ（レンタル）管理／絵本購入・管理／親睦会 | 芋掘り |
| はな | O先生（乳児・主任） | 地域子育て支援責任者／安全対策／絵本購入・管理／苦情受付／シフト管理 | 行事総括／入園式／消防立会訓練 |

出、次年度のクラス担任へ引き継ぎ。

・出席簿、健康診断書などの作成・管理。年長組担任は指導要録など小学校に送る書類の作成。

・保護者との連携、協力、支援。日常的な連絡・報告、個人面談、懇談会、家庭訪問。クラスだよりや連絡ボードの作成、連絡帳の記入など。保育参観や保護者の保育参加の実施など。

・クラスに配置されている遊具、配当教材などの管理。

　保育者は子ども一人ひとりの活動に応じて多様な役割を果たしますが、複数人で保育にあたる場合は役割を分け合い、状況に応じてより適切に対応できるよう連携を図ります。担任は、保育のねらいに沿った活動の展開や環境構成など、指導計画を念頭にクラス全体を見ています。集団としての子どもと生活の流れを主に考慮してリーダー的な役割を果たすことが多く、集団の方向性を重視します。

　保育者同士の連携が密であれば、子どもに対してより余裕のある関わりができます。保育補助者（フリー保育者）は、担任に対しては「補助」ですが、子どもにとっては担任と同等の立場です。主に、子どもと担任の間をつなぐ役割、子どもの理解者、共同作業者としての役割（子どもが主体的に行動できるように、物や子ども同士の関係の調節、心理的サポートなどを行う）を担いますが、担任の立場に近い場合（担任の代弁、職務の代行）も、子どもの立場に近い場合（子どもの代弁、行動の援助）もあります。その時々の状況を読み取って動く必要があり、補助者には広い観察力、機転の利いた行動が求められます。担任と子どもの双方を受容する柔軟な態度も大切でしょう。

　担任と補助者の保育経験の違いによって役割の果たし方は変わりますが、保育のねらいを踏まえた実践や、子どもの実態・特性についての話し合い、同僚性（互いの力が発揮できる関係：後述）の形成が必須条件となります。双方が多面的に子どもを捉えることや実践方法を工夫することで、専門性の向上にもつながります。

## 1−3　園全体の生活・保育運営のための役割分担

　先のB保育園では、週ごとの当番制も取り入れてバランスよく仕事を分担しています（表9−2）。日々の保育の流れに即して、各クラスで用意する物や保育者の動き方について話し合い、また、時間的にも空間的にも空白や重なりが出ないよう担任が報告し合います。他のクラスと連携がとれるように、いつ・何を・どうするか・どのようなフォローが必要かを検討します。

　例えば、玄関、更衣室、トイレ、遊びのコーナーなどの清掃を皆で行う際に、清掃担当になった保育者は自分の担当場所を手早く仕上げ、他の場所を手伝うなどして全員が時間内に環境を整備して次の仕事に移れるよう意識しながら動きます。

　園行事に関しては、年度始めまでに年間の予定表を作成し、主な年中行事の流れを把握します。各行事のねらいを確認し、各クラスでどのような活動を積み重ねればよいか（子どもの体験）、そのためには、いつ・だれが・何をしたらよいか（保育者の動きと配慮）を検討し、準備するものや役割を時系列に並べて確認し合います。行事当日の役割も互いに把握して協力していきます。

表9-2　B保育園の週ごとの役割分担例

|  | 1°・5週 | 2週 | 3週 | 4週 |
|---|---|---|---|---|
| 園庭管理 | Ⓐチーム | Ⓑチーム | Ⓒチーム | Ⓓチーム |
| 共用場所清掃 | Ⓓチーム | Ⓐチーム | Ⓑチーム | Ⓒチーム |
| 保護者連絡 | Ⓒチーム | Ⓓチーム | Ⓐチーム | Ⓑチーム |
| 朝の会リーダー | Ⓑチーム | Ⓒチーム | Ⓓチーム | Ⓐチーム |

Ⓐチーム（A先生・E先生・I先生・M先生）／Ⓑチーム（B先生・F先生・J先生・N先生）／
Ⓒチーム（C先生・G先生・K先生）／Ⓓチーム（D先生・H先生・L先生）

# 2●実践場面における保育者の連携

　前述のような役割分担とは別に、子どものニーズの充足や遊びの発展のための流動的な連携があります。それは、個々の子どもや集団の状態、他の保育者の意図と行動、時間的・空間的見通しなどを同時に視野に入れながら助け合う関係です。「○○ちゃんをお願いします」「これは私が用意します」などと言葉に出すこともありますが、保育者は、おおむね暗黙の了解のもと阿吽の呼吸で行動しています。その上で、実践を振り返る際に「あのときは手を出さずに子どもに任せた方がよかったのではないか」「担任が気づかなかった子どもへの助言がよかった」など、率直に意見を出し合うことで保育が深まります。

## 2−1　子どもの個々のニーズへの対応

　集団保育においては、特に支援を必要とする子どもたちもいます。保護者と離れられない子ども、集団活動に入りにくい子ども、食事に特別な配慮を必要とする子どもへの援助や、個別指導や援助の効果が大きい状況（逆上がりができつつある子どもへの補助、砂遊びでの水の扱いの援助など）を考えてみましょう。例えば2人いる担任のうちの1人が対象児に関わり、もう1人が他の子どもに関わることで、個々のニーズがすみやかに満たされるとともに、他の子どもへの援助も滞ることなく進められます。園庭など広い空間の各所で子どもが遊んでいる場合や遊びのコーナーごとに分かれて遊んでいる場合なども、保育者の連携によって安全管理のための見回りや遊びの援助が可能になるのです。子どもたちの遊びの状態は一様ではありません。保育者の関わりで遊びが進むことも、子どもの潜在的な思いが保育者と出会って表出されることもあります。低年齢の子どもでは、ふと不安になってスキンシップを求めてくることもあるでしょう。

　子どもにとって必要な援助ができているか、保育者は活動の経過や周囲と

の関係を常に読み取りながら対応していきます。

## 2−2　集団活動の展開における保育者の協力

　保育者はクラス全体を見ながら自分がどうすればよいかを考えて動いています。その際、子ども（子どもたち）の状態、他の保育者と子どもの関わり、他の保育者のクラスへの関わりを総合的に見て実践を工夫します。遊びの場面における保育者の動きを見てみましょう。事例1は3人の保育者、事例2は2人の保育者による連携です。

① 子どもの自発性の尊重

### 事例1●やりたい気持ちを受けとめ、代弁する

1歳児クラス　2月

　ショウタは、保育士のR先生のキーボードの演奏に合わせてのびのびと体を動かしている。R先生が演奏を終えて少しすると、ショウタは屈伸するような動作をして、ぐずるような声を出しながら人差し指を突き出し、S先生の方に寄っていく。その姿を見てR先生は「もう1回する？」と言い、演奏を再開した。するとショウタは笑顔でまた体を動かし、「よっといで」という歌詞の部分では手招きの動きを見せる。他の子どもたちも曲に合わせてときどき体を動かすが、保育室内にあるダンボールハウスを叩いたり、中をのぞいたり入ったりもしている。

　演奏が終わると、R先生・S先生・T先生は拍手をした。ショウタはすかさず人差し指を突き出し、S先生に近づく。S先生はしゃがみこみ「ショウちゃん、もう1回したかったね」と言葉をかける。しかし演奏がすぐに始まらないので、ショウタは寝転がりぐずるような声を出す。S先生は「もう1回したいよ～」と言い、R先生が「もう1回したいの？　じゃあ最後にもう1回ね」と応じた。しかし他児はダンボールハウスに入り遊び始めている。R先生は「ショウちゃんもう1回したいんだって」と皆に向かって言うが、まだ演奏を始め

ないので、ショウタは仰向けになり足をばたつかせてさらにぐずり始め、S先生を見る。S先生は両手を振りながら少し高い声で「もう1回したい、もう1回したい」とショウタを見ながら言い、人差し指を立てて「もう1回する？」と言う。ショウタとS先生のやりとりを見て、R先生は演奏を始めた。その間、他児がダンボールハウスを押してショウタにぶつかりそうになるが、T先生が様子を見ながら対応している。ショウタは周りの子どもたちの様子をチラチラ見ながら、歌の1番の間は寝転んだまま足をばたつかせるが、2番が始まるとすぐに立ち上がって踊り出す。演奏が終わるとショウタはS先生の方へ足早に駆け寄る。S先生はショウタを抱き上げ「やったあ、やったあ」と言いながら抱きしめる。

## ② 遊びを創る

### 事例2 一緒に楽しむ

1歳児クラス　6月

　月齢の高いミドリが、手についた泥をS先生に見せながら近づくと、S先生は泥をつけられないように、いたずらっぽく笑いながら「逃げろ、逃げろ」と軽快に走って園庭の壁際に行き、柱の陰に隠れる。S先生の様子を目で追っていたケントやアユミ、他の子どもたちもS先生のところに近寄っていく。その様子を見ていたU先生は、泥のついた両手を広げて「オバケだ～」と言いながらゆっくり歩いてS先生や子どもたちに近づく。S先生は、U先生を驚かせるように「わっ！」と叫んで柱の陰から飛び出し、「逃げろ～」と言いながら走り出す。U先生は、「ケント～」と、いつもより低い声で名前を呼びながら両手を広げてケントに近づく。S先生が「ケンちゃん、逃げるよ！」と言って手招きすると、ケントはS先生の方に向かって走り出す。S先生が再び柱の陰に隠れて「また来るよ！」と言うと、やりとりの様子を見ていた他の子どもたち

も柱の陰に集まってくる。

　U先生が手を額に当てて「あれ？　どこに行ったかなあ」と言って探すような動きを見せると、S先生は子どもたちに向かって「隠れて、隠れて」と少し高めの声で呼びかける。ケントは壁の方を向きながらU先生の行動をチラチラ見ていたが、U先生が近づいて来た瞬間、「バァ〜」と言いながら前に軽くジャンプして飛び出した。S先生も声をあげながら両手を広げて飛び出す。アユミも「バァ〜」と言って走り出し、U先生の両足にしがみつく。その後もケントはU先生の行動をじっと見て、壁に向かって顔を隠して立ち、S先生の「わっ！」の声に合わせるように、「バァ！」と言って飛び出す。S先生は「オバケだ！　逃げろ〜」と言いながら子どもたちと一緒に走り、U先生は両手を広げながら「待て待て〜」と子どもたちを追いかけ、繰り返し楽しんだ。

③ 子どもの気持ちの読み取りと共有

　子どもは保育者との関係によって、自分の表し方が異なることがあります。子どもの本心を受けとめる人がいること、また、保育者同士がつながることによって子ども理解を深めることができます。

### 事例3　折り紙、先生にあげたのに

5歳児クラス　5月

　担任を中心に折り紙をしているとき、ケイが担任のW先生に自分が折った手裏剣やカメラをプレゼントした。W先生は他の子どもたちから折り方を聞かれたところだったので、「わあ、ありがとう」と受け取り、すぐに机の上に置いた。それを見たケイが、「先生、ありがとうって言ったのに置いちゃった」とつぶやいたのを、補助の先生が聞いていた。

　ケイはそのまま折り紙を再開し、特に寂しそうな表情も見られなかったため補助の先生もとっさに声をかけられなかったのですが、後でこの様子について担任のW先生と共有しました。W先生は、「子どもの思いに丁寧に応えるって難しいですね。気をつけているつもりでも、目の前のことに気を取られていて、大事な一瞬に気が回らないことがあります。後から「ありがとう」と言っても遅いんですよね」と振り返っています。

## 事例4　本当はもっと作りたかった

5歳児クラス　9月

　今日は天気がよく、砂場で遊ぶ子どもが多い。担任のY先生と泥団子づくりを嬉しそうにしていたサオリは、片付けの時間になってY先生がその場を離れてから、並べて置いてあった泥団子を崩して砂を平らにした。特に泥団子にこだわる様子もなく片付けていたが、室内に戻るとき、そばに来た補助の先生に向かってそっと「Y先生と少ししか作れなかった」と言う。補助の先生が「Y先生には、「もっと作りたい」って言わなかったの？」と応じると、「うん」とだけ言って離れていった。

　サオリはためらう様子を見せずに泥団子を崩していたので、補助の先生には思いがけないつぶやきでした。また、担任のY先生も、サオリは自分の思いをしっかり言える子どもだと捉えていました。「サオリのつぶやきを知って、この子にもこういった一面があることがわかりました。年長になって聞き分けがよくなり、必要以上に自分を抑えているのかも。他の子たちについても気をつけて、自分を出せるようにしなければ」と振り返っています。

# 3● 保育における同僚性

## 3-1　同僚性の意義

　保育における同僚性とは、広く「保育者同士が支え合い、高め合っている協働的な関係」とされています。保育者同士が目標を共有して協力し合う対等な関係、互いに安心して自己発揮・自己形成ができる関係、専門家として学び合える関係などを意味します。事例で示したような現場における保育者間の協働は、同僚性が前提になります。保育者は専門家としてそれぞれの保育観や保育技術・技能、実践力をもっていますが、それを同僚性のない状況で個々に発揮すると、時として子どもが混乱したり、保育者に気を遣ったりするようになります。

　保育は人間関係として展開し、その中で子どもは人との関わり方を学んでいます。各保育者の力がどのように発揮され、相互に生かされているかが、保育の効果・保育の質に大きく影響します。

## 3-2　同僚性とチーム保育のエンパワーメント

　保育の現場では、同僚性を高めるためにどのような取り組みをしているでしょうか。具体的な方法として次のようなことが挙げられます。

- ・ひとつのことを皆で考えようとする。
- ・批判的な見方をしない。
- ・お互いの保育を認め、自分のこととして考える。
- ・よかったことは言葉に出す。
- ・気になることに対してはいくつかの提案をする。
- ・よい行動はまねる、助言を自分の実践の改善に役立てるなど、同僚から学ぶ。
- ・大変そうなときは思いやりをもって声をかける。
- ・俯瞰的に保育を見る目をもつ。

・公平な立場にいることを意識する。

　人は、批判されることで向上・成長することもあります。しかし、同僚同士では「私ならこうする／こうするべきだ」よりも、「そういうこともある」とまず共感して、そこからどうすればよいか、他の方法はないか、などと一緒に考えることで主体的な学びが生まれ、実践に生かされて、それが経験知となっていきます。[3]

　チーム保育のエンパワーメント[4]に大事な要素としては以下のことも指摘されています。

　　1　共感性（相手の行動、言葉を受け入れることができているか）
　　2　自己実現性（自分の実践ができているか、自己発揮できているか）
　　3　参加性（チームに参加していると感じているか）
　　4　さまざまな状況への適用性（例えば同僚の欠勤や園外保育、行事など、さまざまな変化に対応できているか）
　　5　戦略の多様性（さまざまな保育の方法を組み合わせて実践できているか）
　　6　平等性（振り返りにおいて自分の意見が尊重され、平等であると感じているか）
　　7　当事者性（他人事としてではなく、自分のこととして保育に関わっているか）
　　8　持続性（保育に安定した継続の見通しがあるか）[5]

　子どもの育ちにおいては、個の育ちと集団の育ちが連動しています。保育者集団においても同じことがいえるでしょう。子どもの人格形成の基礎がつくられる場において、保育者が他者を認め、高め合うことはきわめて重要なのです。

＊　＊　＊　＊

注

1）個別保育：家庭的保育、居宅訪問型保育など。集団保育：保育所、幼稚園、認定こども園、小規模保育、事業所内保育など。

2）「施設長、保育士など、全職員による適切な役割分担と協力体制を整えること」（保育所保育指針第1章-3-（3）-ア）
「園長の方針の下に、園務分掌に基づき保育教諭等職員が適切に役割を分担しつつ、相互に連携しながら、教育及び保育の内容並びに子育ての支援等に関する全体的な計画や指導の改善を図るものとする」（幼保連携型認定こども園教育・保育要領第1章-第2-1-（4））

3）以下の文献では、保育者同士の実際のやりとりを紹介しながら、園内研修における自己開示、感情や言葉の共有の重要性などについて論じています。
中坪史典「保育者の専門性を高める園内研修―多様な感情交流の場のデザイン」『発達』34（134）、2013、pp.46-52

4）ここでのエンパワーメントは、元来もっている力を信じて引き出すという意味で用いています。

5）赤川陽子・木村直子「保育所におけるチーム保育の質の向上に関する研究―同僚性やエンパワメントに着目して」『鳴門教育大学授業実践研究―学部・大学院の授業改善をめざして』17、2018、p.111から抜粋。

**演習課題**

■1 園内の役割分担の例を調べてみましょう（園のウェブサイトや文献を参照する、アルバイトやボランティアに行った園で聞いてみるなど）。

■2 複数の保育者が協力して保育をしている事例を集めてみましょう。異なる保育者の立場の、それぞれの意図と行動について話し合ってみてください。

# 第10章

# 家庭との連携・保護者支援

　保育者は、子育て家庭にとって最も身近な専門職といえるでしょう。保育者に期待される子育て支援の考え方について、保育所保育指針は以下のように示しています。

　　全ての子どもの健やかな育ちを実現することができるよう、（中略）子どもの育ちを家庭と連携して支援していくとともに、保護者及び地域が有する子育てを自ら実践する力の向上に資するよう、次の事項に留意するものとする。

（保育所保育指針－第4章子育て支援）

　保育者が行う子育て支援は、保護者の負担の軽減のためではなく、保護者とともに子どもの育ちを支え、家庭や地域の養育力の向上につなげることを目的としています。本章では、保育の専門職としての保護者支援、家庭との連携について学びます（地域に向けた子育て支援については第11章で後述）。

　なお、幼稚園においても幼保連携型認定こども園においても、子育て支援は重要な役割のひとつです。学校教育法第24条で、幼稚園は「幼児期の教育に関する各般の問題につき、保護者及び地域住民その他の関係者からの相談に応じ、必要な情報の提供及び助言を行うなど、家庭及び地域における幼児期の教育の支援に努めるものとする」と明記されています。また、幼保連

携型認定こども園教育・保育要領第4章「子育ての支援」には、指針第4章と同様の主旨が述べられています。

# 1●保護者支援の基本的態度

　保育所保育指針解説には、「保育所における保育は、保護者と共に子どもを育てる営みであり、子どもの一日を通した生活を視野に入れ、保護者の気持ちに寄り添いながら家庭との連携を密にして行わなければならない」<sup>1)</sup>とあります。連携・支援を考える際、この「保護者と共に子どもを育てる」という意識と、「子どもの一日を通した生活」という視点が不可欠です。

　また、指針には「保護者の気持ちを受け止め、相互の信頼関係を基本に、保護者の自己決定を尊重すること」とあります（第4章子育て支援−1保育所における子育て支援に関する基本的事項−（1）保育所の特性を生かした子育て支援−ア）。保護者支援における基本は、保護者が子育ての中で喜びを感じられ、自信がもてるように支えることでしょう。保育の専門的知見を権威的・一方的に発信するのではなく、保護者の自己決定に役立つように、信頼関係を前提にして伝えていきます。

　保育現場における子育て支援は、日々の出来事や悩みに向き合う中で行われています。保育者は、専門職として以下のような相談援助の基本を押さえておく必要があります。

（1）受容（相手のありのままを受け入れる）

（2）個別性（個々の相談がもつ特性を大切にする）

（3）相互信頼関係（この人になら話せそうだという信頼、親和の関係を築く）

（4）自立・自己決定への援助（相手の主体性に配慮する）

（5）総合的アプローチ（複数の専門職によって総合的な支援を図る／相手を取り巻く環境全体を捉えて支援方法を検討する）

（6）内的世界の尊重（相手が語る主観的な世界を、共感的に理解する）

（7）秘密保持（相談によって知り得た事柄の秘密を守る）

（8）自己覚知（自分の価値観や子育て観を自覚・理解して、相談援助における偏りを回避する）

（9）スーパービジョン（対象者・相談内容に対する理解を深め、援助する側の知識・技術の不足を補うために、熟練した経験者などから指導を受ける[2]）

## 1-1　子育ての協働者としての支援

　保護者が抱える子育て上の課題は広範囲にわたります。例えば、子どもを軸とした課題（子どもからのサインの読み取りや発達状態の判断、食事や排泄などの養育方法や遊び方などについての悩み）、保護者自身を軸とした課題（自分の幼児期の体験、価値観、人間関係など）、保護者を取り巻く環境を軸とした課題（家族関係、経済的問題、近隣の問題など）が挙げられるでしょう[3]。課題の要点を理解した上で、直接的な支援を行うとともに、他機関からの助言・支援を受けられるよう橋渡しもしていきます。

　保育者が行う保護者支援は、子育てに関する的確な情報や技術などを、子どもの個々の発達に応じて具体的に伝えていくことが主になります。保護者の認識と実際のギャップを補うことも求められるでしょう。

　また、他児との比較による不安や、その子ども特有の状態に対する不安を感じている保護者も少なくありません。そのような不安を理解した上で、子どもの可能性を見出す保育者のまなざし―子ども自身がいま大切にしたいこと（こうしたい）と、保育者がいま大切にしたいこと（子どもにこうしてほしい）の両方を視野に入れる―を保護者と共有できるように努めましょう。保育者と保護者が思いを共有する中で、子どもを中心に考え、支え合う関係が築かれていきます。

## 1-2　相互支援の土壌づくり

　保護者同士の関わりや保育者と保護者の関わりが自然に生まれ、互いに自

己開示ができるようになるためには、環境整備の工夫が必要です。地域住民を交えて気さくに交流できるような場を設けることも有効でしょう。例えば、保護者や地域住民が自由に憩える場を園内につくる、保育に参加する機会を設けたりすることが挙げられます。和やかな雰囲気の中で日々の子育てについて話すうちに、それとなく互いに助け合う関係性ができていくことが期待されます。<sup>4)</sup>

# 2●園と保護者の相互理解・交流の方法

　前述した通り、園と家庭との間には、子どもの一日の生活全体を共有しながら一緒に支えていく関係を築くことが大切です。

　保護者とのコミュニケーションの方法としては、日常の送迎時における対話や連絡帳、電話または面談が主ですが、最近ではSNSや園のウェブサイトの活用も増えています。中でも連絡帳やドキュメンテーション（後述）は、園生活における実際の姿から発達過程やその子どもにとっての学びを捉えることができ、保護者とつながり相談・支援に生かす方法として最も有効といえます。

## 2−1　園から発信する方法

　子どもの具体的な姿について園から発信する内容は、園の理念や発達観、計画などに基づいています。保育者と保護者の相互理解に生かすと同時に、職員間のコミュニケーションのきっかけや研修の資料としても役立ちます。

①園だより

　園だよりは、園の考え方を総合的に伝えるために最適な方法でしょう（図10-1）。主に以下のような目的をもって作成します。
　　1　保育目標や保育理念を保護者に理解してもらう
　　2　「園生活のいま」を知ってもらう

　3　保護者へ情報を提供する

　4　連絡事項を一斉に伝える

　園だよりは毎月発行している園が多いようですが、それは、できるだけリアルタイムに近い情報を提供していくためです。また、園全体の考え方や状況を伝えるという目的から主に園長や主任が執筆することが多くなっています。どんなによい内容でも実際に目を通してもらえなければ伝わらないので、保護者に読んでもらえる創意工夫が必要です。


②クラスだより

　保育者がどのような意図をもって日々の保育を組み立てているか、どのような願いのもとに子どもと関わっているかを伝える方法として、クラスだよりも有効です（図10-2）。子どもたちの姿を通して以下のようなことが伝わるように意識します。

　1　言語化されない子どもの気持ちを受けとめ、応えていくことの大切さ

　2　子どもの年齢（発達）の特徴と保育者の関わりの実際

　3　子どもの興味に応じた環境構成、保育者の関わりによって子どもと共感し合えるということ

　4　子ども同士の関わり

　　（例えば乳児なら、他児への興味から身体的な触れ合いが徐々に増えている様子を伝える／幼児なら、遊びの中のやりとりや協力して活動に取り組む様子を伝えるなど）

　5　自分たちの遊び、自分たちの生活をつくり上げていく子どもの姿


③ドキュメンテーション

　ドキュメンテーションとは、子どもたちの活動・発言・討論などの過程に焦点を合わせた記録形態です。メモや観察チャート、日誌といった言葉による記録、写真、録音、スライドや映像など、さまざまなメディアを複合的に用いて子どもたちの心の動きや興味・関心の軌跡がわかるように表したもので、レッジョ・エミリアの教育実践により世界に広まりました。日本では特

図10-1 園だよりの例

# 2月  〇〇だより

令和〇年1月31日発行

　たくさんの拍手と「ありがとう」に包まれて、お遊戯会も無事開催することができました。特に今年は巷でインフルエンザと胃腸炎が大流行する中の実施となり、健康管理にも気を配っていただき、保護者の皆様、多大なご協力を本当にありがとうございました。

　来年度の入園希望者が決定し、役所から名簿が送られてきました。今回希望された方について役所に尋ねましたら、0歳は14名が、1歳児は40名以上、2歳児・3歳児も10名以上の方が入園希望を出されたそうです。そのうち、0歳は6名、1歳は7名、2歳2名、3歳1名の方が入園されることになりました。たくさんの方に選ばれている、ということに誇りをもって、一層気を引き締めて保育していきたいと思います！

## 2月の予定

3日（月）節分・豆まき
5日（水）5園合同保育
13日（木）防犯・避難訓練
21日（金）誕生会・職業体験（〇〇中学校）
個人面談　3日（月）～7日（金）はな・つき
　　　　　10日（月）～14日（金）そら
　　　　　18日（火）～21日（金）ゆき
　　　　　25日（火）～28日（金）ほし

　2月3日は **節分** です。節分は、本来「季節が移り変わるとき」という意味のことばで、春夏秋冬すべての季節にあります。しかし現在では立春の前日である春の節分だけが「節分」と呼ばれています。

　平安時代に、季節の変わり目に生じる邪気を追い払う儀式として豆まきが始まったと言われており、園では、自分で作った鬼の面をかぶって鬼になったり、豆の入れ物を作ったりして、みんなで豆まきをしようと考えています。

## 卒園に向けて

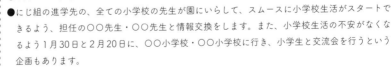

●卒園式は、3月21日（土）です。在園児を代表して、そら組が出席します。
●在園児と卒園児のお別れ会は、3月12日（木）に行います。
●3月13日（金）は、にじ組が電車に乗って卒園遠足に行きます。
●にじ組の進学先の、全ての小学校の先生が園にいらして、スムースに小学校生活がスタートできるよう、担任の〇〇先生・〇〇先生と情報交換をします。また、小学校生活の不安がなくなるよう1月30日と2月20日に、〇〇小学校・〇〇小学校に行き、小学生と交流会を行うという企画もあります。
●年間を通し、幼稚園・保育園・小学校の先生同士、施設長同士の交流会が実施されており、園での生活が小学校に継続できるよう配慮しています。安心して、小学校に進学してください。

# ○○保育園のお遊戯会の考え方

　○○保育園のお遊戯会は、はな・つき・ゆき組が１部、ほし・そら・にじ組が２部…と２回に分けて上演します。子どもたちの発達を考慮し、乳児と幼児を分けて実施しています。１部は、それぞれのクラスで無理の無いように「日常生活で積み重ねられたもの」を発表しています。

　赤ちゃんで何もわからないのでは…と思われるかもしれませんが、お友だちや先生方と楽しく経験（わらべうた・歌遊び・絵本の読み聞かせ…等）したことを、みんなの前で行って嬉しさや喜びを共感してもらうことが大切なのです。大好きなおうちの方に喜んでもらったら、どんなに「嬉しい」ことでしょう。舞台という、いつもとちょっと違う環境で緊張することも「経験」としてとても大切です。そんな経験が蓄積して、力になるのです。

　そして２部の幼児は、乳児の時に積み上げられた経験の数々を「力」として発揮します。ですから演目も多くなります。

　お遊戯は、それぞれの年齢（発達）に合った曲に乗せて体を動かします。みんなで一つの動きを一緒にしたり、自由に表現をしたり、位置を確認しながら隊形移動をしたり…それぞれの年齢に合った曲に合わせて、表現活動を楽しみます。

　劇は、先生と子どもたちが作り上げていきます。セリフを暗記するだけではなく、みんなで「ここはなんて言う？」と考えたり、一緒に言ったり、ストーリーに合わせて楽しみながら作っていきます。そして、にじ組になるとかなり長い文章で表現することができるようになります。劇を観ると、３歳、４歳、５歳と成長の様子がわかります。

　合奏は、一人一人が自分の役割をしっかりと果たしながら、皆で心を通わせ一つのものを作っていきます。一人でも約束を破ったり、自分勝手なことをしたりすれば成立しません。協同性や、道徳性、規範意識が必要になります。

　練習を通し、ちょっと難しいことに挑戦して、頑張ること・課題を克服した喜び・達成感などを味わいながら、自信を持って行動できるようになるのです。

　それぞれが、自分の力を精いっぱい発揮し、おうちの方にも見ていただき、成長を一緒に喜んでいただくことが、お遊戯会の大きな目的の一つです。そんな経験の積み重ねが、自己肯定感を高め、生涯にわたる生きる力の基礎になるのだと思います。

## おめでとう

### ２月生まれのお友だち

つき組 ○○○○ H.30.2.20

ゆき組 ○○○○ H.29.2.8

ほし組 ○○○○ H.28.2.3

にじ組 ○○○○ H.26.2.21

図10-2 クラスだよりの例（未満児クラス）

 # 10月 ○○ぐみだより

令和○年9月30日 発行

　朝夕は涼しくなり、日中の戸外遊びや散歩でも心地よく過ごせる季節となってきました。先月は、子ども達は保育士と手を繋いで園周辺の散歩を楽しんだり、バギーの中から秋の自然を見たり、素足で砂の上に降りてみたりと楽しみました。

　また、小麦粉粘土遊びや寒天遊びなど感触遊びも体験し、子ども達の様々な反応を見ることが出来ました。今月も晴れている時は出来るだけ外へ出て遊び、この時期ならではの自然を見たり触れたりと探索を楽しみたいと思います。今月もよろしくお願いいたします。

## 今月のねらい

・秋の自然に触れながら、戸外遊びや散歩を楽しむ。
・保育士との信頼関係を深める。
・一人ひとりの発達や興味に合った遊びを見つける。

朝夕は涼しくなってきましたが、室内は暖かく日中はまだ半袖で過ごせそうです。登降園時は半袖の上に上着を羽織るなどして調節していただき、受け入れ時は半袖で大丈夫です。タンスの中には長袖・長ズボンを一組いれておいてください。

## 衣類についてのお願い

・上衣（肌着・Tシャツ）は裾や袖が長すぎず、丁度良いサイズのものでお願いします。トイレやオマルに座る機会が多くなり、排尿できた時に裾が長いと濡れてしまうことがあります。
・ズボンはサイズや伸縮性など子ども達が着脱しやすいものを選びましょう。これから少しずつズボンの着脱も練習していきます。ウエスト部分がきつすぎたり、デニム生地のように硬いものだと子ども達が自分でやろうとしていても上手くいかないことも…。
わからないことがありましたら担任まで声をかけてください。

おえかき

ぽっとん落とし

お散歩中、鉄棒で！

感触あそび

バシャバシャ

遊びの中で、いろいろな新しい感覚に出会っています。

に、写真を効果的に用いたエピソード記録をドキュメンテーションと呼ぶことが多くなっています。

　写真は、そのときの様子を伝えるだけではありません。保育者が記載するエピソードと併せて見ることで、保育者の思いや意図、信念などを写真からも読み取ることができます。このような実践過程の可視化が、保育者・子ども・保護者をつなぐことになるのです。

### ④ホワイトボードの利用

　その日の出来事や中心となった活動などをホワイトボードに簡単に書き出しておくと、夕方迎えに来た保護者に「クラスの今日の生活」を知ってもらうことができます。直接話す時間があまりとれない場合なども、このような記録が役立つでしょう（写真右下）。

　クラスごとに書く、乳児クラス・幼児クラスと分けて書くなど、詳細は園によってさまざまですが、「その日」に子どもたちが何を体験したのか具体的に伝わる点が特徴です。他クラスの様子も日々知ることができます。

### ⑤保育参観・保育参加

　子どもたちの園での様子を見学する保育参観、保護者が実際に保育補助を行う保育参加は、いずれも、体験を通して保護者に園生活や子どもを理解してもらう機会です。時間帯を決めて実施する園もあれば、日にちだけ決めて自由に参観可能としている園もあり、実施の仕方はさまざまです。

　保護者が他の子どもたちの様子を実際に見ることで、自分の子どもの理解が深まるという意義もあります。子どもたちがいろいろな人と触れ合う機会としても大切でしょう。日頃しっかりした実践を重ねていることが、保育参観・保育参加を可能にします。

## 2-2　保護者との相互理解の方法

### ①連絡帳

　連絡帳は、園と家庭のどちらか一方からの情報伝達ツールではなく、双方向のコミュニケーションツールです。連絡帳の形式は園によってさまざまですが、子どもに関する嬉しい出来事や悩みや成長などを共有するという目的は同じです。また、日々の子育ての状況を綴った育児ノートとして活用する保護者もいれば、主に就寝や食事、体調などの生活の記録として活用している保護者もいるでしょう。後で見返してみると改めて子どもの成長を感じたり、新しい気づきを得られたりします。

　実際の記述の例を以下に挙げました。こういったやりとりを通して、保育者と保護者の間にパートナーシップが築かれていきます。

**4歳児／9月**

> 今日から新しいお友達が入りました。もう一緒におままごとをして、スプーンを貸してあげていましたよ。途中で男の子がスプーンを取って行ってしまい、「返してあげて」と言っている間に棚に頬をぶつけてしまいました。少し赤くなったので冷やしておきました。その後おままごとは病院ごっこに変わって、元気に遊んでいました。午後は箱のマスにボールを入れて遊んでいて、そのときにはスプーンの男の子とも仲良くなり、ボールを渡してあげながら「仲良しの方がうれしいね」と言って笑い合っていました。**（園より）**

> 頬の件は冷やしていただいたので大丈夫でした。父親がドアノブに腕をぶつけて「痛い」と言ったら、「あらあら冷やしましょう」と先生がしてくださった様子を再現してくれました。最近自己主張が強くなって、

4歳上の姉にも負けない気持ちで向かう時があります。お友達にも、何か強い口調で言っている時があるのではないかと気になっています。（家庭より）

今日はお休みの子が多い日でした。「○○くん、どうしたのかな？お休みさん多いね」と、いつも必ず聞いてくれます。お休みしている四人にお見舞いの歌を歌いたいと言い、「○○ちゃんのお家の方はどっち？」と確かめてから、みんなでそちらを向いて「とんぼのめがね」を歌い、別の子の家の方角も聞いては歌ってくれました。こんな様子で、お友達のことを大切にしてくれています。自己主張が強すぎるということもなく、お友達と仲良く過ごしています。あえて言うなら、「誰かのために」という気持ちが強くて、ものを取ったり邪魔したりする子に向かって、お友達のために注意をするという日々です。（園より）

家とはまた違った姿を園で見せてくれるのですね。お友達との具体的な様子を伺えて安心しました。我が家では、「一番小さいわがままさん」ですが、園では先生方のおかげで、人のことも考えることができているのですね。社会性が少しずつ育っているのはうれしいです。夕方からたくさん歌を歌って、「お歌は元気になるね」と言っていました。だからお休みのお友達のお家に向かって歌ったのですね。新しい面に気づき、行動の意味もわかりました。（家庭より）

　このように保護者は、園での子どもの姿を具体的に知ることで行動の意味を理解できます。また、不安も解消できていることがわかるでしょう。

## ②送迎時の会話

　朝夕は忙しい時間帯ですが、明るく挨拶を交わすことで、一日の始まりと締めくくりを気持ちのよいものにできます。経験の浅い新任の保育者でも、笑顔で朗らかなやりとりを心がけることはできるでしょう。このような小さな積み重ねが、保護者との信頼関係を築く第一歩です。また、保護者にとっては子どもの成長を知ること、その成長を他者に認めてもらうことが大きな励みになります。その日の出来事に加えて、子どもの最近の変化やできるようになったことなどを簡潔に伝えましょう。簡潔にといっても事務的に話すのではなく、保護者と目を合わせて表情を読み取りながら、こちらの気持ちが伝わるような言葉を選んで話すようにします。自分だけですべてをカバーしようとせず、園長や主任、同僚保育者の言葉を借りることも時には大切です。多くの大人の目で見守っていることが保護者にも伝わり、安心感につながります。夕方に聞いたエピソードは、帰り道での親子の会話の種にもなるでしょう。

## ③保護者会・懇談会

　保護者会は、保護者の視点から園の保育を支える組織です。保護者同士の交流会の開催、園行事への協力の他、さまざまなサークルや講座、施設見学などを主催したり、保護者からの意見を園に伝えたりするという役割もあります。組織運営の難しさも生じますが、子どもたちの生活の充実のために保護者の力が発揮される場です。保護者も育つという点で、保護者支援の一環といえるでしょう。

　また、保護者の就労状況などを考え、保護者会自体がない園もあります。そのような場合は懇談会の開催などによって、公平な情報伝達や保護者同士の交流が図られています。クラス単位の懇談会では、その年齢の発達を踏まえた担任の保育方針やクラス運営の方針を園と保護者で共有したり、保護者同士が顔を合わせて歓談したり、時には問題を解決するために話し合ったりします。

④ 個人面談・個別面談

　子どものことについて保育者と保護者が話し合う個人面談は、多くの園で定期的に行われています。情報を交換・共有し、園と家庭が協力して子どもを育てているという意識をもつ機会となります。

　また、特に話し合いを要するような場合は場所と時間を決めて、個別に面談の機会を設けます。個別面談は以下のような点を押さえて実施します。

　1　保護者の話をよく聞く。誤解や聞き違いのないように、園側は必ず2人で対応する

　2　保護者自ら説明することが難しい場合（精神的に追いつめられて不安定な場合もあれば、筋道立てて説明することが不得意な場合もある）は、保育者が話を聞きながら整理し、相談内容を明確にしていく

　3　保護者は、家庭で自分の子どもしか見ていない場合も多い。毎日さまざまな子どもに接している保育者として、客観的・肯定的な視点で子どもの姿を捉えて保護者に伝える

　4　「子どもが今後どうなっていくのかわからない」という保護者の不安を軽減するために、保育者が発達の見通しを示す

　5　一方だけが取り組むのではなく、「園と家庭」でどのようにしていくか考える。状況によって主任や園長などにも加わってもらい、視点を変えた意見を取り入れる。最終的には保護者が決定する

　6　段階を踏んで、必要だと理解・判断したら専門機関を紹介する

　個別面談は何かしらの困難が生じているときに行われるので、話がこじれ、保育者の思いがなかなか伝わらないこともあります。「主張は変えない方がよい」「助言を受け入れたら、自分が否定されたことになる」と考えている保護者もいるでしょう。そのようなときこそ、担任一人が抱え込むのではなく、園長、主任、同僚の保育者とともに問題解決に向かうことが大切です。日頃から情報共有に努め、助け合える体制づくりをしておくことが求められます。

# 3●個別支援における保育者の専門性

　保育者は子ども一人ひとりを丁寧に理解して支援する専門職ですが、昨今は子どもたちの特性や育ちの背景がいっそう多様化しており、より高度な専門性が求められるようになっています。特に支援を要するケースとして、例えば障害のある子ども、外国につながる子ども、被虐待児や経済的困難を抱えた家庭の子どもなどが挙げられるでしょう。こういった例では特に、子どもと保護者両方の支援を見据えていく必要があります。

　保育所保育指針および幼保連携型認定こども園教育・保育要領には保護者の状況に配慮した支援の要点が示されており[5]、日頃から保護者と丁寧に関わる中で不安や悩みを把握し、必要に応じて社会資源を生かした個別の支援を行うとしています。幼稚園教育要領でも、特に支援を必要とするケースでは関係機関との連携による支援が大切と示されています[6]。

## 3−1　各家庭の多様な状況に対する配慮

　現代の家族形態は、二世帯、三世帯家族の他、ひとり親家庭、単身赴任、親族以外の同居人がいる場合などさまざまです。また、保護者の勤務形態や勤務時間帯、経済状況、家族間の役割分担なども各家庭によって異なります。子どもの生活基盤となる家庭の人間関係が複雑な場合や、経済的困難のために十分な養育環境を整えられない場合もあるでしょう。複数の保育者で家庭を見守る、保護者の話を丁寧に聞く、必要に応じて地域の相談窓口や専門機関と連携して支援するといった体制が必要です。

　毎日の送迎時の会話や連絡帳の記述の他、子どもと保護者がやりとりする姿、子どもの食事や睡眠の様子、衣類や持ち物の状態なども、家庭での生活状況を理解する糸口になります。子育て家庭にとって保育者は最も身近な専門職なので、要支援の家庭が発する不調のサインを受けとめ、子どもの最善の利益を常に考慮しながら援助することが求められます。

## 3−2　虐待への対応

　虐待への対応においては、予防的支援と早期発見がまず重要で、専門機関との連携が不可欠です。児童虐待は、子どもにとって本来は最も信頼できるはずの養育者から安心・安全な生活を奪われる体験で、いかなる場合でも許されません。

　心身への暴力やネグレクト（育児放棄）が起きていても、子どもからは周囲の大人に打ち明けられない場合がほとんどです。そのため子どもからの訴えを待つのではなく、子どもと関わる中で虐待の兆候を見逃さないことが重要です。虐待防止のためのチェックリスト（自治体などが作成）も活用しながら、予防や早期発見につなげていきます。

## 3−3　外国につながる子ども・保護者への支援

　近年、外国籍の家庭や外国にルーツをもつ家庭も増えています。言葉や文化、習慣などが異なるために生活上の困難を感じていることも多く、園でも柔軟な支援が求められるでしょう。子どもは、園生活や日本語でのコミュニケーションにも比較的早く慣れていきますが、家庭では母国語を使い、園などでは日本語を使うといった二重言語の生活になりやすく、混乱したり親とのコミュニケーションがとりにくくなったりするケースもあります。

　日本語の読解が困難な保護者の場合は、園からの連絡事項や園だよりなどの内容を把握できるよう、日本語に習熟している人の援助が受けられるような環境を整える必要があります（地域のボランティア団体につなげるなど）。また、宗教上の風習や食の禁忌なども特有の文化として他の子どもたちに伝え、興味・関心を引き出すきっかけにするなど、保育者ならではの支援が期待されます。

## 3−4　発達上の特性がある子ども・保護者への支援

　子どもの発達にはおおまかな道筋がありますが、どの子にも特性や個々の育ちの背景などがあります。園の子どもたちの発達過程もさまざまで、中に

は発達障害の診断を受けている子どもや、発達上の特性ゆえに集団生活に困難のある子どももいます。

　園生活を充実させながら、子ども自身の発達の課題、保護者側の課題、保護者を取り巻く環境の課題などを理解し、解決の具体的な手立てを検討していく役割も、保育者および園が担っています。研修の機会なども活用して（第12章で後述）、専門的知識・技術を習得しながら支援にあたることが必要です。

＊　　＊　　＊　　＊

**注**
1）厚生労働省『保育所保育指針解説』フレーベル館、2018、p.14
2）柏女霊峰『子育て支援と保育者の役割』フレーベル館、2003、pp.111–114を要約。
3）名須川知子・大方美香監修／伊藤 篤編著『子育て支援（MINERVA はじめて学ぶ保育12）』ミネルヴァ書房、2018、pp.64–65
4）木村 創「認定こども園の可能性 地域を内在させ、地域の核となるこども園を目指して」『発達』39（154）、2018、pp.66–71
5）前掲1）、pp.334–338
　　内閣府・文部科学省・厚生労働省『幼保連携型認定こども園教育・保育要領解説』フレーベル館、2018、pp.355–364
6）文部科学省『幼稚園教育要領解説』フレーベル館、2018、p.270

**演習課題**
❶乳幼児の子育て中の保護者の悩みを調べて、その内容から、保育者の役割について考えてみましょう。
❷子育ての考え方が異なる保護者とのコミュニケーションの図り方について話し合ったり、ロールプレイで保育者と保護者を演じたりしてみましょう。

# 第11章

# 地域・行政・小学校と保育施設
## ——地域社会とのつながりで育つ子ども

　保育所、幼稚園に類した保育の場は、歴史的に地域の子育て支援の拠点の役割を果たしてきました。現在、幼稚園、保育所、幼保連携型認定こども園等は、国の法律が定める乳幼児の教育・保育施設として地方自治体により認可され、公的補助によって運営されています。保育者は各種の公的機関・専門機関との連携協力のもと、地域の文化的・教育的資源を実践に生かすとともに、保育施設の機能や専門的知識・技能を地域に還元して、子どものためによりよい社会をつくる役割も担っています。

# 1●行政諸機関・各種専門機関との連携

## 1−1　公的機関による指導監査・研修会

　子育てに関する基本的な公的役割として、許認可権者である都道府県・市町村などの担当部署が保育施設に対して行う、管理運営の監査や巡回指導などがあります。また、保育者の質の向上のために、行政機関や各種団体による育児・教育に関する研修・研究会、公開保育などが開催されています。

　研修・研究会は、保育、教育、医療、栄養、心理、市町村の担当者など、子育てに関わる専門職が一体となって育児・教育の課題に取り組む場です。保育者は課題意識をもって主体的に参加し、得られた知見を園全体で検討し

179

て保育に反映していきます。こうした研修・研究会は、他園の保育者や専門家との体験共有や情報交換によって学び合う・育ち合う関係をつくる機会、視野を広げる機会であり、保育者の専門性向上の一助になります。

## 1-2 家庭支援の専門機関との連携

　子どもの心身の発達支援や保護者支援、就学指導など、さまざまな場面で専門的知見による判断・援助が必要になります。児童相談所、市町村の保健センター、発達支援関係機関、保育・教育研究の専門機関などに対応を求めて、情報や助言などを保育に生かします。

## 1-3 公的助成による活動への対応

　地域のニーズや社会的背景によって、園の運営・研修・保育活動に対する公的助成が行われています。施設整備、環境整備、人的配置などに関して都道府県・市町村から助成を受けていることや、公的な活動要請に対する園としての方針などについて、園の経営者、保育者、職員が共通理解をもつ必要があります。その上で公的助成を適切に活用し、保育の質の向上に役立てます。

## 1-4 施設の危機管理・災害時の支援

　保育所保育指針第3章（健康及び安全）の「4 災害への備え」にも記載されている通り、園ではあらゆる状況に備えて、子どもの命を守る体制づくりをしています。災害や突発的な事故などにおいては特に、行政機関との連携が不可欠です。日頃から危機管理や災害時の対処について指導・助言を受け、職員間で対処法を共有して定期的に訓練するなど、園児と保護者の状態だけでなく保育者相互の役割遂行状態にも目を向けられるようにします。

　災害によっては園児と他所に避難し、あるいは園が避難所として地域住民を受け入れます。物資（おむつや毛布など）や安全な場所を提供するなど、状況によって柔軟な対応が求められます。各種災害時に対するマニュアルの作成、備蓄品の購入管理、災害発生時の連絡体制、保育制限を伴う臨時休園

の判断基準、保育の代替措置[1]などについて、職員全員で共通理解をしておきましょう。表11-1は現場の例です。

表11-1　園の危機管理の実践例

- 危機管理や災害に関するマニュアルは定期的に職員間で読み合わせを行い、自分の役割を再確認する。災害は予測できないため、自分の役割だけではなく他の役割も知っておく。
- 発生した災害によっては避難を行うが、園に残れる場合には避難所として地域住民を受け入れる。物資や安全な場所の提供などができるように日頃から準備しておく。
- 毎月避難訓練を行い、危機意識を高める。
- 「非常災害対策計画」「緊急電話連絡表」などを作成し共有している。
- 保護者へ「災害用伝言ダイヤル」(171)の体験利用を促し、周知に努めている。
- 大地震を想定した地域の防災訓練などに参加する。
- 避難誘導訓練(ヘルメットや防災頭巾を着用)、非常食の試食、引き取り訓練(災害時引き取りチェックリストに基づいた引き渡し)を行う。

# 2 地域における子育て支援のための連携

　子どもや家庭の福祉に関わる福祉事務所、教育委員会、各種学校、民生委員、児童委員、地域団体と園が連携して、地域の子どものための環境整備、家庭支援の体制づくりが行われています(表11-2は地域のネットワークの例)。子育てや環境問題などに関する情報・意見の交換により、子育てしやすい地域づくり、育児困難家庭の見守りなどに取り組みます。

　各園が独自に町会、青少年育成委員会などの地域団体と日頃から連携をとる場合もあれば、行政や各種団体が主催する子どもに関わるイベントに園が協力・参加する場合もあります。いずれも、こうした開かれた園の活動を通

じて地域住民からの理解や信頼を得ることができ、園への支援や協力に結びつくと同時に、保育者の社会的地位の向上にもつながります。

表11-2　地域の子育てネットワークの例

岩切地域においては、駅前の再開発等により、子育て世代の転入が続いています。それに伴い、子育て中の親や子どもへの支援が大きな課題となっています。そこで、いわきり子育てネットワークでは近隣保育所や子育てサークル、地域の子育てに関わる諸団体が連携し、安心して子育てができる環境と仲間づくりの場の提供をしていきます。また、ネットワーク活動を通じ、地域の子育てに関する情報や課題を共有し、その解決策を模索し、協力し合うことで、子育て中の親子を支えています。

**いわきり子育てネットワーク スローガン**
- ・よりどころとなるネットワーク
- ・孤立させないネットワーク
- ・見守るネットワーク

[連携団体] 23団体：
岩切東光第二幼稚園／ひかり保育園／仙台岩切あおぞら保育園／ありすの国保育園／岩切どろんこ保育園／岩切たんぽぽ保育園／にこにこハウス／ちゃいるどらんど岩切こども園／ちゃいるどらんど岩切駅前保育園／児童発達支援センター田子西たんぽぽホーム／岩切児童館／子育てサークル「ちびっこクラブ」／子育て支援クラブ「くっきぃ」／子育てサークル「くれよん広場」／読み聞かせサークル「おはなしこぶた」／障害児親の会「おひさまくらぶ」／みやぎ生協子育てひろば「いわきりん」／こ～ぷ家庭教育センター／岩切地区主任児童委員／いわきり社会学級／岩切保健センター／宮城野区中央市民センター／岩切市民センター（事務局）

出所：「いわきり子育てネットワーク」（仙台市）の令和2年度資料から抜粋・整理

# 3●地域の人的・物的・文化的資源との連携

## 3−1　公共施設等の活用

　小規模園では特に、子どもの戸外活動の場として、日常的に地域の公園や児童館などを活用しています。園庭に代わる広い空間で体をのびのびと動かす大切な機会です。移動中も含めて安全確認や危機意識が常に必要ですが、園内とは異なる空間でいろいろな人や自然にふれる体験は子どもにとってかけがえのないものです。保育者は戸外での遊びを援助するとともに、地域住民とのつながりや、季節、天候の変化なども意識して、子どもたちが日々新たな体験を重ねられるよう配慮します。

　また、園行事としての園外保育など、子どもの経験を広げるための計画的な活動もあります（動物園、美術館、水族館などの見学や、芋掘りなどの体験、卒園遠足など）。場所の事前見学、施設との打ち合わせを行い、その施設の社会的な目的・役割・ルールを理解して、子どもが主体的に学べるように計画・援助していきます。さらに、地域の祭りなどの行事を通じて、子どもたちは市民の一人として受け入れられる経験を重ねることができ、その中で地域の伝統文化への関心が育まれます。

　身近な地域で活動している文化芸術の専門家（音楽や美術、茶道や舞踊など）と触れ合う機会や、多様な人が来園する機会も大切でしょう。その出会いを子どもにとって意味あるものとして園活動に生かすなど、子どもの経験の幅を広げるという大きな意義があります。保育者自身が地域への親近感・連帯感をもって、さまざまな人の生活へ温かいまなざしを向けていることは子どもにも伝わります。

## 3−2　ボランティア・インターンシップ・実習生との出会い

　子どもたちは「お客様」が大好きです。来訪者の目的は、ボランティア、職場体験、福祉の仕事についての学びなどさまざまですが、子どもにとって

は、子どもに関心をもち子どもとの触れ合いを大事にする多様な人と出会う、生きた経験となります。受け入れ側である保育施設はそれぞれの目的が達せられるように対応することで社会貢献となり、間接的に地域の保育環境向上に資することになります。小学生のボランティアの子どもたちは、園児にとって年齢が近く、遊びをリードしてくれる存在でしょう。園側としては、子どもたちが安心して積極的に触れ合える基盤をつくっておくことや、園児・児童の双方にとってよい経験となるような調整や媒介が必要になります。保育者の専門性は、こうした年齢や立場の異なる人それぞれのニーズがともに満たされる環境設定、活動の工夫、想定外の行動にも対応できる柔軟性において発揮されます。

## 3−3　高齢者との関わり

　近年、高齢者と子どもが触れ合う活動がよく行われるようになりました。保育所での一例を紹介します。

### 事例　園児も高齢者も楽しめる交流

　この保育所では、年度の始めに高齢者施設との交流の年間計画を立てている。月に1回程度、子どもも高齢者も元気な午前中に、園児が施設へ出かけたり、デイサービス利用者が来園したりする。施設から来園する高齢者の多くは車椅子を利用していたり、認知症の症状があったりするが、お互いに交流を楽しんでいる。日頃、保育者から寄り添われ大切にされている子どもたちは自然に心を開いており、高齢者も子どもとのやりとりで生き生きした時間を過ごすことができている。

　9月には「敬老の日」に因んだ行事「敬老祝い会」を開催し、園児の祖父母、地域の高齢者を招待して祝っている。恒例行事なので、この日のために遠方から来園する祖父母もいる。高齢者の特技を活かして、折り紙、あやとり、お手玉、こま回し、けん玉などを見せてもらったり、教えてもらったりする。食事も一緒にとり、双方にとって無理なく温かい交流ができる行事となっている。

こうして一緒に過ごす中で、相手の特性やそのときの状態に応じて自然に生まれる優しさや思いやりは、人との関わりの基盤となります。このような場での保育者は、一人ひとりの違いにこまやかに配慮しつつ、高齢者と子どもの双方の気持ちにふれながら、必要に応じて補助的に関わります。

# 4●地域に開かれた子育て支援

## 4−1　園庭開放、園活動への参加

　園庭開放は、開放日を決めて園から地域に向けて呼びかけ、地域の子どもたちが園児と自由に遊ぶ場、親子で一緒に遊ぶ場を提供する取り組みです。参加する子どもにとっては、公園などと異なり、すでに関係のできている園児たちの中に入るという難しさがありますが、園の設備・雰囲気の中でこそ親子がゆったり向かい合って遊べる、保護者が他の子どもや保育者の動きから学べるなど、大切な意義があります。また、家庭的保育室の子どもや就園前の子どもを招待する行事もあります（夏祭り・親子ふれあい遊び・制作活動・ハロウィンクッキング・凧あげ・豆まきなど）。いずれも、園を地域に開くことで在園児と地域の子どもとの体験の共有を図るものです。

　保育の場は、そこに集う誰にとっても自分の居場所となり、自己発揮ができ、そこに居る意義が感じられる場であることが期待されます。保育者は、保育の場に集う皆がお互いの立場や思いを受けとめ、充実できるような関わりを心がけます。一人ひとりに受け入れられていることを伝え（「よく来てくれたね」）、どうしたらよいか（「ここのおもちゃで遊んでね」「好きなことをしていいですよ」「ここで見てね」）、誰と遊ぶか（「一緒にやりましょう」「あそこのお友だちに交ぜてもらおうか」）などのメッセージを出して、子どもや保護者の興味や興奮、戸惑いなどの気持ちに応えます。在園児にとっても、お客様を迎えることは新たな経験です。日頃はリーダー的な言動をしない子どもが、小さいお客様を優しく迎えて嬉しそうに手をつないで歩くなど、ほほえましい風景も見られます。

## 4−2 育児相談

　地域への子育て支援は、相談日や相談時間を設けて園や自治体のウェブサイト・チラシなどで周知する、育児のさまざまなアイディアや子どもの姿の情報発信をするなど、多様な試みがあります（表11−3参照）。保護者の小さな悩みや不安にも寄り添い、保護者自身や育児への肯定的な気持ちを引き出し、支えることが基本です。深刻な悩みや明確な問題の相談には、できるだけ専門知識をもつ職員、経験が豊かな保育者が対応し、内容によっては栄養士や看護師も一緒に話し合います。

　相談内容としては、アトピー性皮膚炎や股関節など健康・発育上の悩み、離乳食、夜泣き、後追い、遊びのアイディアなど、さまざまです。個々の保護者の思い、要望、悩みや不安も多岐にわたることから、他の専門機関・識者との連携も重要です。

## 4−3 保育現場から発信する意義

　子どもの育ちの基本は家庭での生活にあり、その基盤があってこそ、園生活が充実したものになります。

　保護者としては、基本的な衣食住を満たさないことはネグレクトだと認識していても、子どもの発達を考慮しない養育態度については意識していない場合があります。「子どもは自由にさせている方がたくましく育つ」「親が疲れていると子どもも不幸だから、疲れることはしない」などの自分なりの理由を挙げ、子どもと関わる時間をつくらない保護者もいます。このような保護者に対しては、発達の筋道をわかりやすく伝え、その子どものよいところや子育ての楽しさを共有し、家庭で少しでもよい関わりができるように援助していきます。

　例えば、子どもが園で抱っこやおんぶをたくさんしてもらうにつれて、家庭でも抱っこやおんぶを求める姿が多くなり、その結果、「甘やかさないでほしい」「登降園時の忙しいときにベビーカーを嫌がり、抱っこをせがまれて困っている」「保育所に入ってからわがままになったのでは」といった声

**表11-3　地域への子育て支援の例**

|  |  | | | |
|---|---|---|---|---|
| 4月22日（水） | 10:00-12:00 | 園庭開放 | 育児相談 | 保育士・看護師 |
| 5月13日（水） | 10:00-12:00 | 園庭開放 | 育児相談 | 保育士・栄養士 |
| 5月27日（水） | 10:00-12:00<br>10:00-10:20 | 園庭開放 | 育児相談<br>講話 | 保育士・看護師<br>「歯磨きについて」看護師 |
| 6月10日（水） | 10:00-12:00<br>10:00-10:20<br>10:30-10:50 | 園庭開放 | 講話<br>製作 | 「食中毒予防」栄養士<br>「時の記念日」一緒に作ろう |
| 6月24日（水） | 10:00-12:00 | 園庭開放 | 育児相談 | 保育士・看護師 |
| 7月 6日（月） | 10:00-11:00 | 参加行事 | | 「夏まつりごっこ」雰囲気を楽しもう |
| 7月 8日（水） | 10:00-12:00<br>10:00-10:20 | 園庭開放 | 育児相談<br>講話 | 保育士・看護師<br>「夏の過ごし方」看護師 |
| 7月22日（水） | 10:00-12:00<br>10:00-10:20 | 園庭開放 | 育児相談<br>講話 | 保育士・栄養士<br>「夏バテ防止」栄養士 |
| 8月26日（水） | 10:00-12:00 | 園庭開放 | 育児相談 | 保育士・看護師 |
| 9月 9日（水） | 10:00-12:00<br><br>10:00-10:20<br>10:25-10:45<br>10:50-11:10 | 園庭開放 | 育児相談 | 看護師・栄養士<br>「親子で遊ぼう ふれあい遊び」<br>0歳児<br>1・2歳児<br>3歳以上児 |
| 9月23日（水） | 10:00-12:00 | 園庭開放 | 育児相談 | 保育士・栄養士 |
| 10月 7日（水） | 10:00-12:00 | 園庭開放 | 育児相談 | 保育士・看護師 |
| 10月28日（水） | 10:00-12:00<br>10:00-10:20 | 園庭開放 | 育児相談 | 保育士・栄養士<br>「ハロウィン衣装を作ろう」保育士 |
| 10月31日（土） | 10:00-10:30 | | | 「ハロウィンクッキング」栄養士 |
| 11月11日（水） | 10:00-12:00 | 園庭開放 | 育児相談 | 保育士・看護師 |
| 11月25日（水） | 10:00-12:00 | 園庭開放 | 育児相談 | 保育士・栄養士 |
| 12月 9日（水） | 10:00-12:00 | 園庭開放 | | 「親子で絵本を楽しもう」<br>・読み聞かせ＆自由に読もう |
| 12月23日（水） | 10:00-12:00 | 園庭開放 | 育児相談 | 保育士・看護師・栄養士 |
| 1月13日（水） | 10:00-12:00 | 園庭開放 | 育児相談 | 「作って遊ぼう」<br>・凧作り→園庭で凧あげしよう |
| 1月27日（水） | 10:00-12:00 | 園庭開放 | 育児相談<br>講話 | 保育士・看護師<br>「冬の感染症」看護師 |
| 2月 3日（水） | 10:00-12:00 | 園庭開放 | 育児相談 | 「節分会に参加しよう」<br>・豆まきをして鬼を退治しよう |
| 2月17日（水） | 10:00-12:00 | 園庭開放 | 育児相談 | 保育士・栄養士 |
| 3月 3日（水） | 10:00-12:00 | 園庭開放 | 育児相談 | 「ひな祭り会に参加しよう」<br>・写真撮影会 |
| 3月17日（水） | 10:00-12:00 | 園庭開放 | 育児相談 | 保育士・看護師 |

が聞かれる場合もあります。そのようなときは、乳幼児期の子どもは心身の直接的な触れ合いを通して愛着関係・信頼関係を形成していくことや、ベビーカーの移動では多様な動きが経験しにくくなることなどを伝えながら理解を得られるように努めます。

　現代のような情報化社会であっても、子どもの発達の筋道を十分理解していない、関心をもっていない保護者もいます。子どもの発達に沿った関わりが、子どもにも大人にも無理がなく、楽しい子育てにつながるということを繰り返し伝えていく必要があります。

　子育て支援とは、個々の保護者と子どもへの支援に限定されず、子どもを取り巻く環境全体への支援までも含みます。保護者の育て方や発達観・教育観は社会の風潮や思想を反映していますから、地域ぐるみの支援はことのほか重要です。

# 5●小学校との連携

## 5−1　保幼小連携の重要性

　現行の幼稚園教育要領、保育所保育指針、幼保連携型認定こども園教育・保育要領では「知識及び技能の基礎」「思考力、判断力、表現力等の基礎」「学びに向かう力、人間性等」を育むことが共通に位置付けられ、また、これらの要素は小・中・高等学校まで一貫して重視されています。つまり、幼児期の学びがその後の教育の基盤となることが明確に示されたといえるでしょう。

　幼児期の体験・学びが充実することによって、子どもたちは小学校での生活に対しても「楽しみだ」と認識し、就学後の学びに主体的に取り組めるようになります。保育者には、そのような意識のもとで小学校と連携していくことが求められます。小学校への円滑な適応のために、主に①カリキュラム上の連続性、②保育者・教師間の連携協力、③子ども間の交流が重視されています。

## 5−2　アプローチカリキュラム・スタートカリキュラム

　2010（平成22）年に文部科学省が「幼児期と児童期の教育双方が接続を意識する期間を「接続期」というつながりとして捉える考え方」を提唱しました[2]。接続期とは、就学前の「アプローチ期」と就学後の「スタート期」を合わせた期間のことで、アプローチ期における教育課程を「アプローチカリキュラム」、スタート期における教育課程を「スタートカリキュラム」といいます。

　アプローチカリキュラムは、アプローチ期に育てたい力や身につけてほしい力を具体的にして、子どもたち一人ひとりがその力の育つ方向に向かっているかを確かめ、保育実践や小学校教育との接続に生かす教育課程です。就学前の教育目標・方法、就学後の教育目標・方法を教師・保育者が互いに十分に理解した上で、それぞれの教育内容を充実させ、一方が他方に合わせるものではないということが示されています[3]。

　小学校に適応していくためには、集中性、課題性、目的志向性、言語性、自覚性の芽生えを伸ばすことが大切とされており[4]、それらは自発的な遊びの展開の中で育まれます。日々の生活の中で出会う「なぜ？」に対して、友だちとやりとりをしながら試したり解決したりする体験や、「遊びをもっとおもしろくしたい。遊びの道具を壊れないように作るにはどこをどうするか？」などと筋道立てて考え、話し合い、実現するような体験を重ねる中で、就学後の系統的な知識・技能の学習にも取り組むことができるようになっていくのです。保育者の援助としては、子どもが「イメージを形にできるように考えながら物を準備する」「これまでの経験を生かして物や場所を選んで使おうとする」「先の見通しを持ち、作品の活かし方を考えて創り進められる」「苦手なことを乗り越える体験を重ねられる[5]」ように支えるなど、意図的に関わり、環境設定を行うことになります。

　また、学校生活への不安を軽減していくために、授業形態、生活のリズムや方法、規則の変化への配慮も大切です。園での実践例として、例えばクラスの皆に伝わるように全員の前で話す、お互いの意見を理解する、保育者の

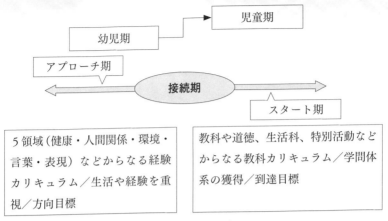

図11-1　アプローチ期・スタート期の接続イメージ

出所：兵庫県教育委員会「指導の手引き 学びと育ちをつなぐアプローチカリキュラムの作成」、2018、p.1（一部改変）

話を最後まで聞く時間を設ける、昼食の時間を学校の時間に合わせるといった取り組みが挙げられますが、園の実情や子どもの特性に合わせて、学校・保護者と連携しながら具体化します。

## 5-3　教師・保育者間交流

　異年齢の子ども同士、保育者・教師が交流する機会は、日常的には多くありません。このような現状では、各地域や園・小学校の実情に合わせて、情報交換の場や、互いの環境を見学する機会、子どもが園と小学校を行き来する機会などを計画的に設定する必要があります（表11-4）。こうした取り組みによって、園児が小学校を身近に感じられるよう、そして就学後の生活や系統的学習へ適応していけるよう図ります。

　一般的には各自治体が地域ごとの園・小学校の関係者間の交流、研修などの年間計画を立てて、教育・保育のねらいおよび方法、子どもの実態の相互理解を促し、具体的な課題解決に努めています。例えば一斉授業に慣れることが難しいと思われる子どもに焦点を合わせたとしましょう。園と小学校が相互見学と話し合いを重ねる中で、小学校で学ぶ意欲や態度の基盤は、生活

表11-4　教師・保育者間交流の実践例

| 教師・保育者間の交流 |
|---|
| **幼稚園・保育所・認定こども園・小学校の合同研修会**<br>保育者と小学校教員が、接続期の子どもの発達に応じた教育・保育のあり方に関する講演や実技講習・演習などの研修に参加して、専門性の向上を図ることを目的とする。年間5回（5月、6月、7月、9月、12月） |
| **授業と保育の相互参観**<br>保育者と小学校教員が互いに保育参観や授業参観をする。意見交換や研究協議などを通して相互理解を深め、円滑な接続に資する。1学期：小学1年生の授業／2学期：保育所の保育／3学期：幼稚園・認定こども園の保育 |
| **情報交換**<br>指導要録送付後、小学校から、入学予定の子どもについての個別の聞き取りを行う。面接もしくは電話で、健康面、他者との関わり、自立、発達の特性の有無、保護者への配慮などについて情報を共有する。 |

リズム・生活習慣の獲得、規範意識の芽生え、保育者との信頼関係の確立であることを再確認し、保護者との共通理解も図ります。保育の場の多様化が進む現在、施設間の交流は、地域の子育ての受け皿の間隙や矛盾を解消し、子どもの福祉・教育を充実させていくための連携強化の機会でもあります。

## 5-4　子どもの交流活動

　子どもたちが学校生活になじむ機会や小学生と交流する機会をつくることも必要でしょう。小学校が自分の学びの場所になるという期待感を高めて、子ども自身が将来への見通しや目的をもつことができるよう援助します。そのような見通しが、いまの園生活に取り組む意欲や自立的な生活態度を身につけることにもつながります。具体的には表11-5のような実践が考えられます。

表11-5　子ども同士の交流の実践例

| 年間を通した子どもの交流体験 |
|---|
| **5月〜**<br>年長児を小学校の運動会に招待する（その他、各種学校行事の参観、学童保育のイベントへの参加など）。→小学校の名前や場所、雰囲気などを知ることで、安心感や親しみをもち、次年度への期待などが高まる。<br><br>**9・10月〜**<br>園の運動会に、卒園児の小学生、在園児の兄姉の小学生が参加できる種目をつくる。→小学生が運動会で活躍する様子を間近に見て、親近感やあこがれを抱いたり、自分も小学生になった姿を園の運動会で見せたいという意欲につながったりする。<br><br>**1・2月〜**<br>小学校を見学して、小学校を身近に感じ入学への自覚を促す。→1年生の授業の様子や教室内の雰囲気などを実際に見たり感じたりすることで、関心や期待を高めていく。<br>園と異なる生活に不安を感じる子どもへの個別的配慮の手立てを講じる。<br>地域の子ども会などで、年長児と小学校児童を対象に、集団登校、通学経路の確認、顔合わせなどを目的とした会を実施する。 |

| 就学後に生じやすい課題 | 円滑な接続のための交流体験<br>（園児が小学校で体験する実践例） |
|---|---|
| **授業中に立ち歩いてしまう** | **教室で机と椅子を体験する**<br>・見学を企画して、教室で学習している様子を見せてもらう。<br>・短い時間でも席に着いて教師の話を聞く体験をする。<br>・見学をして思ったことやまねしてみたいことを話し合う。教室ごっこなどを楽しむ。 |
| **人の話を聞かない**<br>（聞く力が育っていない） | **園と学校が支え合い、「互恵性」のある体験をする**<br>・学校の図書室などで、小学校の教師による読み聞かせ体験などを企画する。<br>・小学生と同じ体験（映像教材を視聴するなど）をして、小学生とクイズごっこなどを楽しむ。<br>・小学校の授業を体験して、課題に挑戦してみる。 |
| **生活リズムの違いによる「段差」が大きい** | **小学校の生活リズムにふれる**<br>・散歩や課外活動などのときに小学校の近くを通るよう計画し、体育など校庭での活動を見たり、地域に開かれている学校行事に参加したりする。<br>・学校と協力して、例えば給食の試食会を体験したり、散歩のときに学校のトイレを借りるなどといった体験を通じて、小学校の時間割や生活リズムを実感できるようにする。<br>※起床時間を調節すると睡眠のリズムが整いやすいため、家庭と連携しながら活動を取り入れていく。 |

出所：下の表は、月森久江監修『「小1プロブレム」解決ハンドブック』講談社、2013を参考に作成

＊　　＊　　＊　　＊

**注**

1 ）災害発生の状況下において社会的要請が強い防災関係者や医療関係者の子ど
　　もに対する保育。

2 ）幼児期の教育と小学校教育の円滑な接続の在り方に関する調査研究協力者会
　　議「幼児期の教育と小学校教育の円滑な接続の在り方について（報告）」、
　　2010、p.25
　　（https://www.mext.go.jp/component/b_menu/shingi/toushin/__icsFiles/afieldfi
　　le/2011/11/22/1298955_1_1.pdf)

3 ）兵庫県教育委員会「指導の手引き　学びと育ちをつなぐアプローチカリキュ
　　ラムの作成」、2018、p.1 参照。

4 ）無藤　隆「幼児教育から小学校教育への接続とは」『子ども学』 1、萌文書林、
　　2013、pp.71-74

5 ）お茶の水女子大学附属幼稚園「文部科学省　令和元年度研究開発実施報告書」、
　　2019

**演習課題**

❶居住地の自治体が行っている子育て支援活動を調べて、参加体験をし
　てみましょう。観察参加、またはボランティアとして、子育て支援の
　あり方を考察してください。

❷幼児期の過ごし方と小学校に入学してからの過ごし方の大きな違いを
　書き出してみましょう。生活時間の違い／学習の仕方の違い／遊びや
　生活環境の違いなどと、分けて書いてください。そこから、園生活と
　学校生活の「段差」とは何が要因になっているのか考えましょう。

# 第12章

# 保育者の
# 専門性向上と研修

## 1● 専門性の向上に向けた組織的取り組み

　保育者は絶えず実践を振り返り、自ら専門性の向上を図っていることは前章までに述べてきました。保育制度の多様化、保育需要の増加、保育者の職務・責務の拡張および専門分化が進む現在では、保育者自身の日々の省察に加えて、保育の質を向上させていくための組織的な取り組みが欠かせません。本章では専門性向上のための研修に焦点を合わせ、その目的や具体的な体系などについて学びます。

### 1−1　保育者の研修目的

　まず、保育者の研修に関する法的な規定を確認しておきましょう。幼稚園教諭に関しては、教育基本法第9条に「養成と研修の充実が図られなければならない」とあり、教育公務員特例法による初任者研修・中堅教諭等資質向上研修、教員免許更新制による講習などが規定されています。保育士に関する法定研修は設定されていませんが、児童福祉施設の設備及び運営に関する基準で「児童福祉施設は、職員に対し、その資質の向上のための研修の機会を確保しなければならない」（第7条の2第2項）と示されており、また、研修の重要性は保育所保育指針第5章に明記され努力義務となっています。[1]

　現在では組織としての研修体制の強化が求められており、職場内研修と外部研修の両側面で実施体制を整えるという、園の責務が大きいといえます。指針にまとめられている通り、①体系的な研修計画の作成、②組織内での研修成果の活用、③研修の実施に関する留意（研修受講の公平性、職員一人ひとりの課題に応じた研修受講への配慮など）といった組織的な体制づくりが、園全体の保育の質の向上につながります。

　保育者の主な研修目的には、子どもに向き合う者として実践力を磨き深めること、社会的要請に応えるための知識・技術の習得、社会や学問の進歩に伴う新たな知見の獲得などがあります。その他、組織としての目標に向けた研修、保育の質の改善に向けた共同研修、地域の子どもの福祉向上のために関連機関が連携する研修など、内容は多岐にわたります（表12-1）。いずれも主体的な参加によって、専門性を高めることにつながります。研修を、保育者としてのあり方を問い直す機会、保育者間・参加者間の交流や相互支援につながる関係づくりの機会として生かしましょう。

表12-1　年間の研修予定の例（保育所）

| 時期 | 園内研修 | 外部研修 |
|---|---|---|
| 4〜6月 | 新人研修①②③<br>（社会人としてのマナー、保育士としてのあり方、書類の書き方、子どもの姿の捉え方、向き合い方）<br>嘔吐処理法・救命講習<br>園内研修1 | 新人研修（キャリアアップ研修市連合会）<br>リスクマネジメント講習<br>障害児保育研修<br>特別支援保育コーディネーター |
| 7〜9月 | 園内研修2 | アレルギー緊急対応研修<br>給食担当者研修 |
| 10〜12月 | 園内研修3<br>感染症対策<br>公開保育（グループ園）<br>全体研修（外部講師）<br>（配慮の必要な子への対応） | 県保育協会保育士研修会<br>カウンセリング講座①②（市連合会）<br>歯科衛生講習会 |
| 1〜3月 | 園内研修4<br>次年度に向けて | 保育士会委員会ブロック研修会 |

## 1−2　職場における研修

　研修で得られた知見や情報は保育者間や職員間で共有し、各自の実践にどう役立てるかを、現場を担う保育チームとして検討していく必要があります。新しい知識や技術はやみくもに取り入れるのではなく、あるいは、自身や自園とは無関係として除外するのでもなく、自らの状況に応じて生かすことが大切です。園内研修の年間計画は、例えば表12−2のような形で共有されています。園内研修の要点は以下の通りです。

### ①個人研修

　保育者としての専門的成長段階や、園での役割における課題などを基に研修計画を作ります。

### ②共同研修

　保育者の個々人の課題を共有し、ケースカンファレンス（事例検討）を中心に研修します。主な要素として、実践をエピソード記録、写真、動画などによって可視化して互いに解釈・分析すること、改善方法を考えること、さらに、実践場面では見えにくい保育者の思いを表出し共感し合うこと、省察につながる感情の交換を行うことが含まれます。その積み重ねによって園の保育を改善していくとともに、保育者同士の専門性の高め合いが図られます。表12−1、表12−2の保育所では、保育者一人ひとりが自己評価を行い、そこから共通の課題を見つけて研修テーマとしています。

### ③専門家との研修

　外部講師を交えた研修では各分野の専門家から助言を受け、さらに自分たちの反省・検討を経て、新たな気づきや実践への手がかりを見つけていきます。外部講師の視点や助言などを基に、保育者が自ら子どもの見方を再検討する、保育を改善する手がかりを探すなど、自分の保育を基盤として主体的に学びます。

表12-2　年間の園内研修計画の例（保育所）

| 令和○年度　園内研修テーマとねらい |
|---|
| [3歳未満児]<br>テーマ：子どもが主体的に遊べる環境づくり<br>ねらい：子どもたちの想像力や感性を引き出せるように、いま、何に興味・関心があるのかを探り、年齢に応じて主体的に遊べる環境づくりをする。<br><br>[3歳以上児]<br>テーマ：子ども中心の保育─園独自のルールづくり・環境構成<br>ねらい：「子どもにとってどうなのか」という視点から園の保育を捉え直し、主体性を発揮できる環境づくりをする。<br><br>今年度は、上記のテーマ・ねらいで一年間縦割り保育も含めて研修を行う。 |

| 令和○年度　年間園内研修計画および実施内容 |
|---|
| 職員の教育、研修を計画的に実践する。<br>職員の個々の専門性向上に向けて、外部の研修会の方法や種類を整理し、体系的な計画に沿って実施する。実施後に評価・見直しを行い、職員間で学び合う園内研修体制を構築する。<br><br>**園内研修 年4回─保育環境について─**<br><br>[3歳未満児]<br>研修1　4月24日（金）テーマとねらいについての話し合い（記録提出）<br>　　　　4月27日（月）ドリームログ設置─各部屋の環境設定<br>研修2　5月・6月 研修テーマへの取り組み方を決める<br>　　　　7月・8月・9月「あたりまえ」としていた<br>　　　　　　　　ことを見直し、記録を提出<br>　　　　　　　　　　　↓<br>　　　　　　　　記録をもとに話し合う<br>研修3　10月3日（土）前期まとめと今後について（記録提出）<br>研修4　2月末日 まとめと今後について（記録と復命書提出）<br><br>[3歳以上児]<br>研修1　4月23日（木）合同保育について話し合い（記録提出）<br>　　　　5月連休明け ホール環境常設コーナー設置<br>研修2　6月・7月研修テーマへの取り組み方を決める<br>　　　　8月・9月「あたりまえ」としていたことを<br>　　　　　　　「子どもにとってどうなのか」と<br>　　　　　　　いう視点から見直し、記録を提出<br>　　　　　　　　　　　↓<br>　　　　　　　　記録をもとに話し合う<br>研修3　10月17日（土）前期まとめと今後について（記録提出）<br>研修4　2月末日 まとめと今後について（記録と復命書提出） |

④公開保育

　公開保育の実施にあたっては、貴重な学びの機会を尊重する態度が参加者側にも園側にも必要であり、信頼関係が基盤となります。同じ実践の場を共有した者同士で多様な視点や発想を提示する、実践者の視点から考えてみる、多様性を受け入れる、柔軟な発想で改善点を見出すなどの学びが得られます。こうして実践者側に立って保育を捉えることが、自身の振り返りへと結びつきます。

## 1−3　保育者の研修のあり方

①研修における自己開示・共感的態度の重要性

　保育は、流動的な状況で一人ひとりの子どもの主体性を尊重していくという実践なので、信頼のおける情報や理論を生かす際にも、常に状況に合わせた工夫が必要です。園全体の保育の質を高めていくには、個別的・具体的な場面に基づいて考え学び合うこと、すなわち園内のコミュニケーションの活性化が鍵となります。

　園内研修は、互いに自己開示ができて自分の思いや見方を率直に出し合い対話できる場、「ともに子どもをみる「まなざし」を生成し、わからないことさえも共有しながら、相手の見方を自分の保育に生かしていく[2)]」ような場であることが基盤になります。また、共感し合うこと、「自分がかかわっている子どもや同僚の身になること[3)]」、「既存の価値基準から評価的なまなざしを向ける（「あるべき像」を求める）のではなく、「子どもの姿」に「ともに」向かい、そこで見られる行為やかかわりの持つ意味を「ともに」味わい探究して行こうとする[4)]」ことが、保育者同士の学び合いといえます。新人保育者が熟練保育者から指導援助を受けるメンタリングにおいても、ともに保育を探究する関係性の中で、それぞれが自分の思いや見解を出し合うことで、双方にとっての学びとなります。

　共感的態度は、保育の実際から学ぶ場合に自らを省みる視点を養う上でも重要です。中坪史典は、保育者と子どもがやりとりしている映像を現職の保育者グループに視聴してもらい、視聴後の自由な話し合いの様子から、「批

判的思考と客観的分析に基づく知的判断だけでなく、他者と感情を共有した
り、自分の感情を開示したりするなど、胸襟を開いて語り合うこと[5]」が、園
内研修における学び合いには大切だとしています。保育者同士の学び合いは、
実践者と同じ立場に立って受けとめようとする意識から始まるといえるで
しょう。

　　**批判的思考** 実践者の感情を自分と異化して認識する（客観的な分析）

　　　　　「もうちょっと焦らずに見守ってあげたらいいのに」
　　　　　　「先生（実践者）の中にゆとりがないよね」

　　　　　　　　　　　　　↓

　　　　　　　実践者よりも子どもに共感する
　　　　実践者と一定の距離を置いて自分の感情を表出する

　　　　「自分だったら、子どもに対して良かったねと思う」
　　「ここでもう一回共感してあげたら、もっと違ったかもしれない」

　　　　批判的思考を駆使して実践を分析する視点が基盤にある

　　**共感的思考** 実践者の感情を自分と同化して認識する（感情への共感）

　　　　　「この先生（実践者）の気持ち、すごくよく分かる」
　　　　　　　「きっと○○だったんだろうなあ」

　　　　　　　　　　　　　↓

　　　実践者の姿を自分に置き換え、自分の保育を反省しながら話す

　　　　　　　「自分も気をつけないといけない」
　　　「先生（実践者）の焦る気持ち、手に取るように分かります」
　　　　　当事者の視点で実践を振り返る視点が基盤にある[6]

②研修への参加体制
　職場における研修は勤務時間内に行われるため、いつも全員で実施できる
とは限りません。互いの意見や思いが出せるようにテーマを決めて、あらか
じめコメントを書き込む、メモを貼るなど、それぞれの立場からの視点が出

せる体制づくりに努め、組織としての一体感にもつなげていきます。

　外部研修には職員が交替で参加し、園内で情報を共有します。参加者には、研修で得られた新しい情報や専門的知見を正確に、かつ自園の状況に応じて的確に伝えることが求められるでしょう。このように、現場に役立つように伝達することも研修の一環といえます。また、園としては、職員が公平に参加機会を得られるよう体制を整える必要があります。

# 2●保育者のキャリアアップ

## 2-1　保育専門職としてのキャリアアップ研修

　これまでの章でも確認してきたように、保育者・園に求められる役割は多様化し、いままで以上に高度な専門性と実践力が求められるようになっています。このような状況を受けて、2017（平成29）年には厚生労働省から「保育士等キャリアアップ研修の実施について」の通知が発出され、研修実施の意義やガイドラインなどが示されました。[7]実践経験を積み重ねながら研修を受けることによって専門性を高め、組織内におけるリーダーとしての役割を担っていくための仕組みです。この仕組みによって、主任保育士までの間

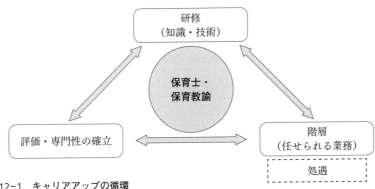

図12-1　キャリアアップの循環

出所：社会福祉法人全国社会福祉協議会全国保育士会「保育士・保育教諭が誇りとやりがいを持って働き続けられる、新たなキャリアアップの道筋について」（保育士等のキャリアアップ検討特別委員会報告書）、2017、p.35

に「職務分野別リーダー」「専門リーダー」「副主任保育士」の職階が設けられました。研修機会を有効に活用することで、専門性の向上、段階的なキャリアアップ、処遇改善が図られます（図12-1）。

## 2-2　保育者のキャリアパス

組織において、保育者がどのようにステップアップしていくのか確認しておきましょう。幼稚園教諭として現場に出てからは、おおむね、幼稚園教諭→若手リーダー→主幹教諭（中核リーダー・専門リーダー）→副園長、教頭→園長という順にステップアップしていきます。

保育士については図12-2のように、保育士→職務分野別リーダー→副主任保育士・専門リーダー→主任保育士→園長（施設長）となります。職務分野別リーダーの役割（その分野の理解・実践力を高め、他の保育士への助言・指導を行う）は、従来は園長や主任保育士の仕事と位置付けられることが多かったのですが、各専門分野での責任を自覚し、組織で対応するという観点から分散するようになってきました。初任者から管理職までがそれぞれの職位や職務内容を見据えた資質・能力を身につけること、ミドルリーダーを育成

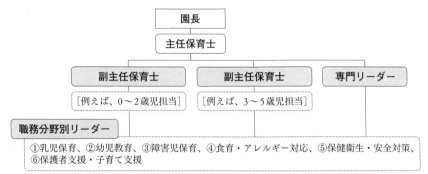

副主任保育士：経験年数おおむね7年以上／職務分野別リーダーを経験／マネジメント研修および3分野以上の研修を修了
専門リーダー：経験年数おおむね7年以上／職務分野別リーダーを経験／4分野以上の研修を修了
職務分野別リーダー：経験年数おおむね3年以上／担当職務分野の研修を修了

図12-2　保育士の職階

出所：内閣府子ども・子育て会議「子ども・子育て支援新制度施行後の動きと見直しの検討について（参考資料）」（第35回配布資料3-2）、2018、p.45に加筆

すること、全職員がマネジメントの意義について学ぶきっかけをつくること
などを見通して、キャリアアップ研修の仕組みが整えられたのです。

　また、保育の場は、保育者だけでなく、栄養士、調理師、看護師、心理職
など各専門職の知識や技術、判断力や対応力などの連携によって成り立って
います。そのためミドルリーダーには、多職種がそれぞれの専門性を発揮し
つつ連携できるような研修・意見交換会などを企画運営していく力も求めら
れます。

## 2-3　学び続ける保育者

　保育者に限らず、いずれの専門職にとっても、その分野における新しい知
識・技術を身につけていくことが必要です。時代の要請や社会状況の変化な
どに伴い、各種法律や制度を把握しておくことも大切でしょう。保育専門職
の実践のよりどころでもある保育所保育指針、幼稚園教育要領、幼保連携型
認定こども園教育・保育要領も、定期的に内容が検討され改訂されています。

　昨今のように変化の激しい時代においては、目の前の子どもの姿や子ども
を取り巻く状況を十全に踏まえた上で新しい情報や知見を取り入れていくこ
とがますます重要です。例えば保育の中でICTを活用する際、子どもの発
育・発達、子どもの生活環境、基本的生活習慣の獲得状況、子どもの遊びや
文化などを考慮しながら進めていく必要があるでしょう。こうした現状では、
研修などの学びの機会を積極的に生かす力も大切だといえます。成長し続け
ようとする意識と有効な取り組みがあって初めて、その専門性の向上が図ら
れるのです。

＊　　　＊　　　＊　　　＊

注
　1）「各職員は、自己評価に基づく課題等を踏まえ、保育所内外の研修等を通じ
　　　て、保育士・看護師・調理員・栄養士等、それぞれの職務内容に応じた専門
　　　性を高めるため、必要な知識及び技術の修得、維持及び向上に努めなければ
　　　ならない」（保育所保育指針第5章-1-（1））
　　　「保育所においては、当該保育所における保育の課題や各職員のキャリアパ

202

ス等も見据えて、初任者から管理職員までの職位や職務内容等を踏まえた体系的な研修計画を作成しなければならない」（同章-4-（1））

キャリアパスとは、下記の報告書において「仕事の経験歴を通じ、昇進・昇格へ進む経路、長期的な職務の道や展望を示したもの」と定義されています。社会福祉法人全国社会福祉協議会全国保育士会「保育士・保育教諭が誇りとやりがいを持って働き続けられる、新たなキャリアアップの道筋について」（保育士等のキャリアアップ検討特別委員会報告書）、2017、p.6
（https://www.z-hoikushikai.com/about/siryobox/book/careerup.pdf）

2）佐伯 胖編『共感―育ち合う保育のなかで』ミネルヴァ書房、2007、p.144

3）同上、p.152

4）同上、p.207

5）中坪史典「保育者の専門性を高める園内研修―多様な感情交流の場のデザイン」『発達』34（134）、2013、p.48

6）同上、pp.47-48の内容を抜粋。

7）幼稚園教諭については文部科学省が2017（平成29)年に「追加的な処遇改善における研修スキームのイメージ（幼稚園関係）」を示しています。認定こども園については1号認定から3号認定の子どもが対象となり、「保育士等のキャリアアップ研修の実施について」「追加的な処遇改善における研修スキームのイメージ（幼稚園関係）」において示されている実施主体および認定こども園団体が実施する研修のいずれを受講しても有効とされています。

---

**演習課題**

■1 保育の見直しのための可視化の方法、ドキュメンテーション（エピソード記録、写真の掲示、活動マップなど）の方法を調べて、実践への生かし方を考察しましょう。

■2 保育現場の映像を視聴して意見交換をしてみましょう。互いの意見を受け入れ、高め合えるように話し合いを工夫しましょう。

# 終章

# これからの保育者像

## 1●保育の専門性

　子育ての公的援助者としての保育者は、標準的な知識・技術（p.29参照）の修得がまず出発点となります。ただし、保育者の専門的知識・技術は、法律や医学や工学などの専門性のように、それに関わる人の主体性とは別に理論化・体系化された知識・技術とは異なります。保育は、保育者を通して相互主体的に行われます。基本的な知識・技術はそのままでは適用できません。子どもと出会って実践することで、現場で活用できる生きた知識・技術になるのです。第2章で述べたように、子どもたちのいまを生きる世界と一体となる中で、保育者が自ら学ぶことを通して真の専門的知識や技術となります。保育者は、保育の意義を自覚して、保育者であることへの誇りや自尊心がその専門性の中心にあることを忘れてはならないでしょう。

　社会のシステムや学問の専門分化が進む時代にあって、一人ひとりの子どもを総合的に理解し育ちを支えるという専門職の社会的意義は、今後いっそう大きくなっていくといえます。

# 2●現在の保育制度と保育目標への対応

## 2−1　保育施設の多様化と子どもの最善の利益

　子ども・子育て支援法（2012年）でも明文化されているように[1]、社会全体で子どもを育てるという基本理念が強調され、乳幼児の保育の場は多様化の一途を辿っています。保育の受け皿の拡大のために、保育時間、施設の規模、対象年齢、保育者数、施設環境の要件などの枠組みがゆるやかになり、保育環境の実態はさまざまです。保育の専門家としては、望ましい保育要件を理解してその整備に向かうとともに、現実の条件下でできることに優先順位をつけて一つひとつ充実を図るという柔軟な思考や創意工夫が求められます。どの保育の場においても果たすべき子どもへの責任、守るべき子どもの最善の利益を認識して、その実現のために関係者と協力して改善を図ろうとする保育者の意志は子どもにも保護者にも伝わります。

## 2−2　就学前に育てる資質・能力

　現行の保育関連法規では、「幼児教育を行う施設として共有すべき事項」として、「育みたい資質・能力」「育ってほしい姿」が示されました。これらは、変化の激しい時代を生きる子どもたちに必要な基礎力と考えられています。一つひとつの項目の意味を目前の子どもの中に見出し、その可能性を生活や遊びの中で伸ばしていくことが重視されています。それは環境構成であったり活動の提案であったりしますが、いずれの場合でも、表面に現れる活動の成果よりも、遊びへの動機、集中や思考の仕方など、内面への着目が大切です。よって保育者は、知識・技能の獲得に直接結びつくような関わりよりも、活動を展開しながら子どもと並走し、ともに学ぶ立場での援助をしているのです。子どもが興味・関心をもつ物事の本質や興味の原点を理解しながら、その子どもの状態に適用していく応用的力量が保育者に求められる指導力です。例えば「Ａちゃんはこういうふうに考えているらしい」「Ｂちゃ

んは昨日見た○○が印象に残ったようだから、□□を用意するとよさそう
だ」などと、発見と工夫の連続であるともいえます。異なる個性の子どもが
生み出す活動や一人の子どもの変化を嬉しく感じ、そこから次への道筋を考
えるなどの探索的な態度、子どもとともに新しいことに挑戦していく意欲が
大切です。

# 3●これからの時代を担う保育者に求められるもの

## 3−1　社会の子育ての担い手として

　前述した通り、保育者の社会的役割の大きさはいっそう増しています。保
護者の補助者からパートナーになっているといえるでしょう。保育者は子ど
もにとってふさわしい保育を追究する実践者であるとともに、発達に応じた
保育・教育のあり方や具体的な方法の発信者であること、地域社会の子ども
のための環境のつくり手であることが求められます。

## 3−2　他から学び自分を客観視する

　施設保育の社会的役割が大きくなることに伴い、公的な子育て支援におけ
る公平な質の保障のために、保育における計画と評価の重要性も強調されて
います。
　子どもの目に見えない思いに応える保育実践は、他の保育者や観察者や映
像などでは捉えられない子どもにとっての意味が重要ですが、保育者がすべ
てを把握することはできません。保育者自身の振り返りは実践の一部ですが、
自己評価とともに、組織評価、第三者評価の重要性が保育関連法規にも示さ
れています。異なる視点から捉えられた事実や評価を総合して反省し、自分
の保育の改善を図ることが専門性向上のためには必須です。自分を客観視す
る過程は他者に向かって内面を開くことでもあり、子どもや同僚、保護者を
理解する心にも通じます。
　これからの社会では、多文化教育や多様な発達の子どもを含むインクルー

シブ保育に向かいます。自分の知識や経験を超えた異なる価値観や習慣への適応、特別な援助を必要とする子どもへの対応においては、他者の視点を尊重してそこから学ぶことが多くなります。国際的に共通認識となっている保育理念などについて学び、確かな自己評価に努めることや他者から学び続ける態度をもつことも、自身の向上や周囲からの信頼獲得につながります。

## 3-3　子どもの生きる力の基礎を考える

　今後、科学がさらに進歩・発展し、生活に必要な知識や能力が変化する時代となって、保育の理論や方法も発展していくでしょう。そうした中でなお大切ことは、子どもの「自ら育とうとする力」をしっかりと培うことです。倉橋惣三は「自ら育とうとするものを前にして、育てずしてはいられなくなる心[2]」が親と教育者の貴い心であるといい、「教育は育つものに対する信仰である[3]」とも述べています。これは時代に左右されない、保育者としての基本です。

　よりよく生きようとする意志と力は、自分の存在がかけがえのないものであることの実感であり、自分の心と体が大切にされる、あるいは大切にしようと配慮される体験から生まれてくるものでしょう。「私」が「私であること」が保障され、人に護られ愛され、そして生活する（食べる、排泄する、眠る、衣類を身に着ける、清潔にする）ことに丁寧に手をかけてもらうことの中で、自分を大切にして生活できるようになっていくのです。言い換えれば、養護と教育の一体的展開の、養護そのものの中に人としてよりよく生きる根があるということです。生活の中にある子どもの一つひとつの営みを大切にして、一人ひとりの個性に誠実に応えることが、子どもが自分を大切にしてたくましく生きる土壌をつくります。子どもの生活の中で集団保育の占める割合が増えれば、「皆と一緒に、皆と同じに」の割合が大きくなるでしょう。そのような中で、「あなたにはあなたに合うように」と、子どもの「個」に対応していく発想の豊かさ・柔軟さも保育者には大切です。

　これからは、子どもの自由な遊びの保障とともに、個々の生活全体への気配りがますます重要になるでしょう。社会の活力は、子ども本来の生きる力

を支え育てる保育者の力にかかっているといえます。

# 4● 子どもの傍らに在る「私」として生きる

　私（筆者）はその3歳児が他の子を排除するようにたたく場面に何度か遭遇してきた。理由はわからず、衝動に突き動かされての行為のようであった。4歳のある日、彼が砂場にやってきた。同級の子が小さいシャベルで川を作っているそばに佇んだ後、少し離れたところでおずおずと川を掘り始めた。川をつなげたいのか自分の川を作るのか、意図が見えないまま私はやむなくその場を離れた。間があって砂場に目を向けると、彼は取り残されたようにひとりそこにいた。しゃがみ込み何かをしている。何があったのか知るよしもないが、憑かれたように遊びに打ち込む姿は、彼がいま自分の世界に深く入り込んでいることをうかがわせた。そしてまたある日、降園前の集まりで、上着に片袖を通したままもう一方に手こずる子どもがいた。すると、彼がすっと立ち上がり、手を貸し席に戻るのが目に入った。相手は彼がたたいていた子どもであった。

　彼は私が入るクラスの子どもではなく、読み取りの妥当性はわかりません。でも私は、他の子をたたく場面で彼が屈託を抱えていると感じ、砂場の場面では、遊びの中で自己表出し自己と対話していると直感しました。後園前の場面では、彼がすでに屈託を手放したことを知り、さりげない行為が心に染み、彼が担任とともに歩んだ道程を思いました。そして、子どもは環境があれば、自信をもって自己の課題に取り組み、乗り越えていくことができるのだと教えられました。

　クラスにはたくさんの子どもがいます。保育者は常に一人ひとりを尊重し、ともに豊かなときを過ごしつつ、経験が子どもの生きる力の基盤となるように動いていかなければなりません。時代の変化は子どもの変化としても表れます。例えば育ちや経験の個人差の急速な拡大にも、適切に対応していく必要があるでしょう。保育に携わる者にはいま、一人ひとりのありようを受け

とめ、子どもの自走を支えることが以前にも増して求められます。子どもは
自分を大事に思い真摯に向き合ってくれる人がいれば、その子らしさを失わ
ずに自ら育ちます。それはいつの時代も変わらない子どもの本質です。どの
子も置かれた環境で、けなげにいまを生きています。それを念頭に子どもた
ちに向き合い、どの子もが生き生きとできる環境をつくっていきましょう。
保育者の深い思いはかならずや子どもに通じ、子どもも応じてくれるでしょ
う。その相互性が子どもを育て、保育者をも育ててくれるのです。懸命に、
私らしさを失わずに子どもに伴走しましょう。子どもの傍らに在ることの喜
びと幸せを味わうことができるでしょう。

＊　　＊　　＊　　＊

**注**
1）「子ども・子育て支援は、父母その他の保護者が子育てについての第一義的
　　責任を有するという基本的認識の下に、家庭、学校、地域、職域その他の社
　　会のあらゆる分野における全ての構成員が、各々の役割を果たすとともに、
　　相互に協力して行われなければならない」（第2条）
2）倉橋惣三『育ての心（上）（倉橋惣三文庫3）』フレーベル館、2008、p.3
3）同上、p.10

# 学びを深めるための
# ブックガイド

皆さんにぜひ読んでほしい書籍を紹介します。
絶版になっているものは図書館などで手にとってみてください。
また、皆さんにとって大切な一冊も挙げてみましょう。

## 幼児期
―子どもは世界をどうつかむか

(岡本夏木／岩波書店／ 2005)

日々の暮らしの中で子どもが遭遇していることの、子どもにとっての意味を「しつけ」「遊び」「表現」「ことば」に分けて説明しています。各々の発達の時期ならではの健気な格闘の姿から、よき理解者の大切さが酌み取れます。(関口)

## 子どもと学校

(河合隼雄／岩波書店／ 1992)

病、遊び、「問題」など、大人の目からはネガティブに見られるものの中にこそ、子どもとともに歩む者は光を見出すことができる――心理療法家としての経験に基づいて、教育・保育実践の根本を論じています。(西)

## 保育のための
## エピソード記述入門

(鯨岡 峻・鯨岡和子／ミネルヴァ書房／ 2007)

子どもたちの主体性を尊重し、発達を「育てる者」「育てられる者」の関係性の視野から捉える立場から、保育者が体験を振り返るためのエピソード記述の方法が、わかりやすく具体的に紹介されています。(西)

## 保育の質を高める
―21世紀の保育観・保育条件・専門性

(大宮勇雄／ひとなる書房／ 2006)

子どもたちの人権を尊重し、豊かな体験を保障する立場から、保育の質を再考しています。イタリアのレッジョ・エミリア、ニュージーランドのテ・ファリキなど、世界の新しい保育実践を学ぶことができます。(西)

## ひとがひとをわかるということ
―間主観性と相互主体性

(鯨岡 峻／ミネルヴァ書房／ 2006)

子どもを理解するのは易しいようで難しく、その理解には保育者の意識が反映されています。子どもの主体性を尊重し保育者としての自分を重ね合わせて発達を支える過程をひもとき、相互性の大切さを教えてくれます。(田中)

## 育ての心〈上下巻〉

(倉橋惣三／フレーベル館／ 2008)

「子ども」「育てること」について、理屈を超えて語りかけています。慣れない言い回しもありますが、著者と対話を重ねるつもりで読み進めていくうちに子どもがいつの時代も変わらない身近な人と感じられるでしょう。(関口)

## 育てるものの目

(津守房江／婦人之友社／1984)

生まれたばかりの赤ちゃんにも魂があって、私たちに呼びかけている――育てる日常のエピソードから、子どもたちに寄り添い、思いをもって応え、人間として自ら学ぶあり方を、深い洞察を通して描いています。(西)

## 子どもの世界をどうみるか
―行為とその意味

(津守 真／日本放送出版協会／1987)

一見理解しがたく思える子どもの行為にも大切な意味があり、保育者は自ら省察し変化することによって、子どもの願いを受けとめ、深い信頼を築いていく――保育者のあり方を自ら体現し、根本から考察しています。(西)

## 保育の一日とその周辺

(津守 真／フレーベル館／1989)

保育の実際とその根底の哲学的思索を通して、保育の奥深さを説き起こしています。保育を学ぶことは人間としての確かな生き方を学ぶことに通じるとわかります。自分の経験の意味を尋ねるための最良の手引書です。(関口)

## 保育の中の
小さなこと大切なこと

(守永英子・保育を考える会／フレーベル館／2001)

保育中の出来事の克明な描写によって現場にいざなわれ、そのときを擬似的に体験することができます。子どもとの真の出会いは小さな関わりの中にあり、子どもの一瞬を受けとめ応じる大切さが実感できるでしょう。(田中)

● あなたが見つけた、あなたの大切な一冊

書名：『　　　　　　　　　　　　　　　　　　　　　』

この一冊を選んだ理由：

## 執筆者紹介

**関口はつ江**（せきぐち はつえ）

[担当：序章・第4章・第5章・第9章・第10章・第11章・第12章・終章第1節－第3節]

郡山女子大学教授・附属幼稚園園長兼任、鶴見大学短期大学部教授、十文字学園女子大学教授、東京福祉大学教授を経て、現在、同大学で非常勤を務める。十文字学園女子大学名誉教授。

主著 『実践としての保育学』（共編著、2009、同文書院）
　　　『保育の基礎を培う保育原理』（編著、2012、萌文書林）
　　　『東日本大震災・放射能災害下の保育』（編著、2017、ミネルヴァ書房）など

　　　　　　　　＊　　　＊　　　＊　　　＊

**田中三保子**（たなか みほこ）

[担当：第6章・第7章・第8章・終章第4節]

お茶の水女子大学附属幼稚園教諭、お茶の水女子大学非常勤講師、道灌山学園保育福祉専門学校非常勤講師を経て、現在、私立幼稚園で現職保育者の援助・指導にあたる。

主著 『保育の基礎を培う保育原理』（分担執筆、2012、萌文書林）
　　　『東日本大震災・放射能災害下の保育』（分担執筆、2017、ミネルヴァ書房）
　　　など

　　　　　　　　＊　　　＊　　　＊　　　＊

**西 隆太朗**（にし りゅうたろう）

[担当：第1章・第2章・第3章]

ノートルダム清心女子大学人間生活学部児童学科教授

主著 『子ども・保護者・学生が共に育つ 保育・子育て支援演習』（分担執筆、2017、萌文書林）
　　　『子どもと出会う保育学』（2018、ミネルヴァ書房）
　　　『写真で描く乳児保育の実践』（共著、2020、ミネルヴァ書房）など

## 資料提供・執筆協力

**望月之美**：フィンランドメソッド研究会代表／若い教師を育てる会「伸びんとす」
　　　　　　代表／元 東京福祉大学准教授

［協力：第5章・第10章・第11章・第12章］


**稲葉 穂**：練馬区立田柄第二保育園園長

［協力：第5章・第11章］


**吉濱優子**：社会福祉法人白梅福祉会白梅いずみ保育園園長／清和大学短期大学部
　　　　　　講師／鎌倉女子大学短期大学部・近畿大学通信教育学部非常勤講師

［協力：第9章・第10章］


**大木俊則**：ちゃいるどらんど代表／東京福祉大学非常勤講師

［協力：第11章・第12章］


**岩永志穂**：学校法人北見カトリック学園認定こども園北見聖母幼稚園主任

［協力：第5章］


**守隨 香**：共立女子大学教授

［協力：第8章］


**小林美花**：北翔大学短期大学部准教授

［協力：第9章］


＊ご提供いただいた資料は、各章の学びに合わせて適宜改変の上、掲載しています。

デザイン・DTP：滝澤ヒロシ（四幻社）


本文イラスト・装画：北村 薫（trois books）

**保育者論—共感・対話・相互理解**

2021年4月30日　初版第1刷発行

著　者　関口はつ江・田中三保子・西 隆太朗
発行者　服部直人
発行所　株式会社 萌文書林

　　　　〒113-0021　東京都文京区本駒込6-15-11
　　　　TEL 03-3943-0576　FAX 03-3943-0567
　　　　https://houbun.com　　info@houbun.com

印刷・製本　シナノ印刷株式会社
©Hatsue SEKIGUCHI, Mihoko TANAKA, Ryutaro NISHI 2021
ISBN 978-4-89347-377-6　　Printed in Japan